ひょうごのロングセラー115

神戸新聞経済部・編

ロングセラーの条件――序に代えて

内橋克人

地域に生まれ、世代を超えて生き続ける。律儀で工夫好き、丹念で義理堅い〝作り手〟たちの息づかいが匂い立つ。「ロングセラー」を手に、人の心はなごむ。

生まれては消える幾百万の製品のなか、何気ないその一品だけがなぜ呼吸をとめることなく、時代の風景へと昇華できるのだろうか。答えを求めて歩いた「神妙《しんみょう》な旅」の記録が本書である。

誰知らぬものない全国ブランドもあれば、わが店の外には一歩も踏み出さぬ頑固一徹の〝豚まん〟もある。耳慣れた著名ブランドの出生地が「ひょうご」と聞けば、神戸ハイカラ、後背に広がるたわわな農、海に湧くピチピチの漁、時をかけて熟成した発酵の旨み、厚い層の匠の技、いうまでもなくハイテク、それら広域経済圏・兵庫ならではの多彩な文化の積み重ねを、人は想うに違いない。「むべなるかな」と。

だが、いつの時代も、製品誕生のその時、その瞬間、「ロングセラー」と「儚《はかな》い一場の夢」

を識別できるほどの予言者などいるはずがない。それでも、しかし、何が命運を分けるのか、作り手も使い手も「秘密」を究めたいと望む。疫学調査の手法にも似て、すでに長寿を刻んだ実際とその奇跡の森に、一つひとつ、こと細やかに踏み入ってみるほかにない。

生み出されたロングセラーの背景にストーリーがある。むごい戦場で凍傷に苦しみながら逝った数万の戦友。ひとり生き延びた帰還兵が、手指を守ることは命を守ること、と念じつつ開発した作業用手袋がロングセラーとなる。

大空襲、大震災に打たれた地で生き抜き、平和でこそ光を放つ〝洋風せんべい〟がある。味は伝統、容器デザインが季節と時代をとらえる、と記者は書く。ロングセラーに通底して伝統と進化、素材と見栄え、何より「あんしん」の泉に憩《いこ》える醍醐味がある。

ロングセラーは瑞々《みずみず》しい。模倣でなく人間知の輝きが時代を超える。その歓《よろこ》びを求めて「創る」と「使う」が共鳴するからだ。本書もまたロングセラーの条件を秘めている。

2012年10月

ひょうごのロングセラー115　目次

工夫重ね「家庭の味」へ

こてっちゃん

■エスフーズ

そのまま焼いてよし、野菜といためてよし。かむほどに味わいが増す。エスフーズ（西宮市）の「こてっちゃん」は1982（昭和57）年生まれ。ホルモン料理を家庭に普及させた立役者だ。

今でこそホルモンは焼き肉店の人気メニュー。だが、長井政明開発部長は「30年ほど前は『ガード下』のイメージ。独特の風味を楽しむ、通《つう》向けの食べ物だった」と振り返る。

当時も味付きホルモンはあったが、豚ホルモンが主流。社長だった森島征夫相談役が「牛は豚よりうまい。うまければ、必ず売れる」と開発を指示した。

においや固さなど、内臓肉の負のイメージをぬぐい去るため、切り方や加工、調味で軟らかく、食べやすくなるよう、工夫を重ねた。

「大腸がテッチャンなら、小腸はこてっちゃんや」。森島氏のネーミングも奏功し、大ヒット。俳優財津一郎さんを起用し、「こてっちゃ～ん♪」のフレーズが印象的なCMも後押し。

だが、2003年には、米国で牛海綿状脳症（BSE）感染が確認され、牛肉輸入が停止。翌年5月、在庫が底を尽いたため販売休止に。豪州などで原料調達し、2006年には販売を再開。売り上げは回復し、ピーク時の1995年の月1200トンに近づいている。

豚を使った「とんてっちゃん」など、商品の幅も広がった。「将来もずっと、食卓で愛される商品であり続けたい」。開発者の努力が続く。

（広岡磨璃　2010年7月13日）

家庭にホルモン料理を普及させた「こてっちゃん」シリーズを持つ長井政明さん。ロゴマークも親しみやすい＝西宮市鳴尾浜1

エスフーズ／1967（昭和42）年、森島氏が「スタミナ食品」を設立。2000年に東証・大証1部に指定替えした際、現在の社名に。2005年、ムラチクと合併。こてっちゃんは数年ごとに味付けなどを変えている。カレー味や梅塩味などの変わり種も登場した。2012年2月期の連結売上高は1342億3600万円。従業員数は1381人。

関西人におなじみの味

ポールウインナー

■伊藤ハム

関西出身者にはおなじみ、そうでない人には魚肉ソーセージに見えるかもしれない。伊藤ハム（西宮市）が開発して約80年、関西人の冷蔵庫に欠かせない存在となった「ポールウインナー」の中身は、豚とマトン、牛の粗びき。執行役員西宮工場長の宍戸裕さんは「歯ごたえ、深いうま味が持ち味。このポールウインナーがあったから、今のわが社がある」と言い切る。

創業者の故伊藤傳三氏は、安い魚肉を腸詰めにした。ところが、水分がしみ出すなどして返品が相次いだため、魚を畜肉に変え、1本ずつセロハンで包装して発売。味わいはもちろん、量り売りの腸詰めよりも精算しやすい点が受け、居酒屋や精肉店、量販店、学校給食に引き合いが広がり、社業発展の礎となった。

作り方はミンチ肉に塩を振って熟成させ、香りや風味を高めてから冷却。調味料を加えてオレンジ色の塩化ビニールで包み、加熱する。そのままでも、調理してもよし。味付けは変えず、つまみにおやつに総菜にと支持されている。

全国に9カ所ある工場の中で唯一、西宮で作っているせいか、年1億本に及ぶ販売の95％が関西に集中している。それでも、２００９年にテレビで紹介されて以降、関東などでもファンが急増中という。宍戸さんは「専用サイトの通信販売も好調。多くの人に味わってもらえたらうれしい」。この勢いで、兵庫から全国制覇も夢ではない…かも。

（佐伯竜一　２０１０年11月16日）

伊藤ハムの礎を築いた「ポールウインナー」。宍戸裕さんは「加熱するとコクが増します」＝西宮市高畑町

伊藤ハム／１９２８（昭和３）年、大阪で前身の伊藤食品加工業を創業。ポールウインナーは１９３４（昭和９）年に「セロハンウインナー」として発売し、60年代には今の名に。希望小売価格は10本入り５５０円。５本、２本入りもある。２０１２年３月期の売上高４４７３億９９００万円。従業員数５３００人。

搾りたて牛乳でチーズ

フロマージュ・フレ

■弓削牧場

ほどよい酸味。チーズ独特のくさみもない。あっさりしており、スダチとしょうゆをかけて冷ややっこ風にするのもいい。

神戸市北区にある弓削牧場がつくる生チーズ「フロマージュ・フレ」。搾りたての牛乳を使った、できたばかりのチーズを食べようと、週末には牧場内のレストランに長い列ができる。

発売は1985（昭和60）年。当時は、チーズ作りを手がける牧場は国内にほとんどなく、牛乳の需要低下に対する危機感が背景にあった。

考案したのは、オーナーである弓削忠生さんの妻の和子さん。カマンベールチーズの製造を目指し、何百キロも牛乳を捨てるほど試行錯誤し悩む忠生さんをサポートしながら、「日本ではあまり見かけない、柔らかな生チーズなら注目されるかも」と思いついた。

材料もカマンベールで使う乳酸菌やレンネット（凝乳酵素）を使い、配合を調整し熟成させずに仕上げた。ただ、「固めにしないとヨーグルトとの違いが伝わりにくい」と、独自性を出すためにあえて水分を少なくした。

フロマージュ・フレを手にする弓削和子さん。原料は生乳と乳酸菌、少量のレンネットのみ＝神戸市北区山田町下谷上西丸山

カマンベールの人気も高いが、新鮮さが大切なフロマージュ・フレは牧場らしい製品として多くのファンを引きつけている。「お客さんを前にすると、手間はかかってもきっちりしたものを作ろうと気が引き締まる」と和子さん。

牛乳作りへのこだわりと、時代に合わせた商品作りに多くの人が引きつけられている。

（井垣和子　２００９年12月15日）

弓削牧場／約９ヘクタールの牧場で約60頭のホルスタイン牛を放牧している。チーズ作りを主体とした酪農を営む。牧場内のレストラン「ヤルゴイ」は、新たなチーズの食べ方を提案しようと１９８７（昭和62）年に開店。フロマージュ・フレは２００グラム７３５円。２０１２年８月の従業員数30人。

一人分衛生的に小分け
スティックチーズ

■六甲バター

フィルムをはがし、口に運ぶ。広がる味わいは、日本人にとってチーズの〝基本形〟だ。

「QBB」ブランドで知られる六甲バター（神戸市中央区）。現在、「Qちゃんチーズ」などの名称で店頭に並ぶスティックチーズは、１９６０（昭和35）年に同社が世界で初めて売り出した。

それまで、プロセスチーズは1ポンド（４５０グラム）や半ポンド単位の塊で売るのが主流。一人分に小分けし、しかも衛生的な方法はないか――。当時の技術担当者がヒントにしたのは、魚肉ソーセージだった。

現在は1本10グラムだが、当時は30グラム。発売するやたちまち大ヒットし、工場を新設しても生産が追いつかないほどだった。家庭用チーズ製造で国内2位。「今の会社があるのは、これのおかげ」と竹中淳広報課長は話す。

熟成が進むナチュラルチーズに対し、それを原料として作られるプロセスチーズは、品質が安定しているのが特徴だ。スティックチーズは、95度に熱したプロセスを筒状のフィルムの中に流し込む。この技術は、同社が開発した個包装スライスチーズ、キャンディーチーズにも応用された。

チーズ業界では大手乳業メーカーが主流を行く。これに対し、同社は多品種のベビーチーズ、デザート風チーズ、フォンデュ用などの商品開発で対抗する。長さ約10センチの黄色いスティックは、同社の〝開発精神〟の原点だ。

（広岡磨璃　２０１０年５月４日）

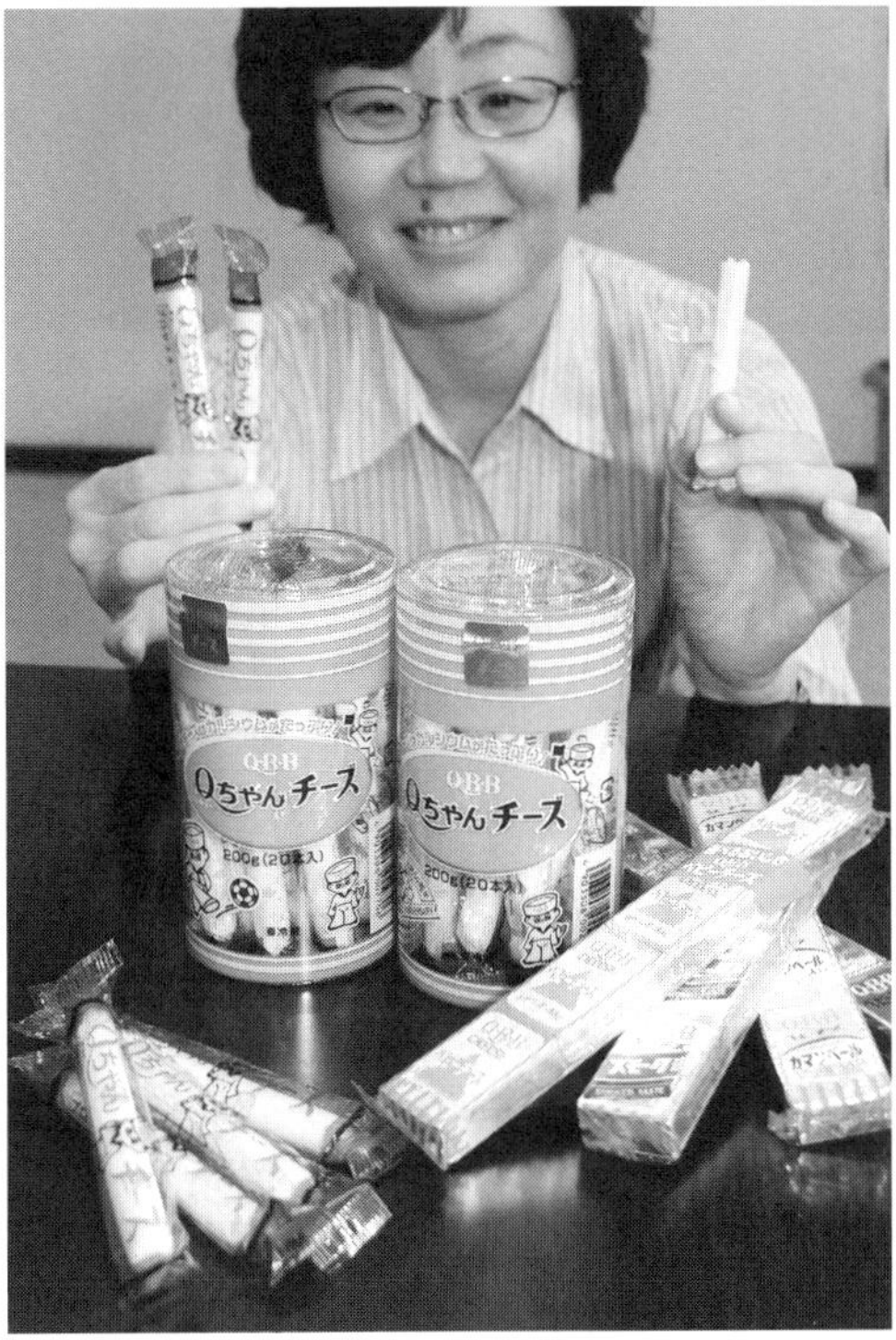

世界初のスティックチーズ。おなじみのベビーチーズとともに、六甲バターの成長を支えた＝神戸市中央区坂口通1

六甲バター／１９４８（昭和23）年設立。マーガリンが主製品だった１９５４（同29）年、現社名に。現在は売上高の９割以上がチーズ。「ＱＢＢ」は豪州のブランド名だったが、十数年前に「おいしい品質（クオリティーズ・ベスト・アンド・ビューティフル）」と意味付けた。２０１２年３月期の連結売上高は３７７億５２００万円。２０１１年12月時点の従業員数は４２５人。

多彩な味、一口サイズで
アイスの実

■江崎グリコ

ポンと口の中に入れると、外側の硬い氷の部分がゆっくりと溶け、中から柔らかいジェラートの甘い味が広がっていく。一口サイズで、いろいろな味のアイスが食べられたら楽しそう――。江崎グリコ（大阪市）の「アイスの実」は、そんなコンセプトで、１９８６（昭和61）年4月に売り出された。

毎年春と秋に、味などをリニューアル。当初はミルク、チョコレートなどもあったが、２００1年からフルーツに絞った。

担当の山科裕二さんは「アイスを食べるのは、ゆったりしたいときか、すっきりしたいとき。すっきりするフルーツに絞ることで、商品のコンセプトをはっきりさせた」と話す。

直径2・5センチ。球形アイスを作るのは難しい。型枠に入れて凍らせると時間と場所をとられ、12粒１２０円では採算が合わない。行き着いたのが、半球形のアイス二つをくっつけて瞬間冷凍する製法。

当時、特許を取得した技術だ。現在でも、球形のアイスは珍しいという。製品はすべて三木市の子会社工場で生産している。

２００９年春には、包装を紙箱からアルミ製の袋（パウチ容器）に変更。「屋外でもおしゃれに食べられる」などと人気を呼んで、前年度比１・８倍を売り上げた。

「これだけのロングセラーでも切り口を変えれば大きく伸びる。ニーズをくんでさらに改善を重ねたい」と山科さん。早くも次の戦略を練る。

（松井　元　２０１０年7月27日）

いろいろなフルーツの味が楽しめるアイスの実＝大阪市西淀川区歌島４

江崎グリコ／創業者の江崎利一氏が１９２１（大正10）年に栄養菓子「グリコ」を開発。大阪三越百貨店で発売した翌年２月11日を創立記念日としている。資本金７７億７３００万円。２０１２年３月期売上高約２９００億円。同年３月末時点のグループの従業員数４９９２人。

味も商品名も一工夫

のりつくだ煮

■ブンセン

「何だこれ?」。最初、そう思った人もいるだろう。ブンセン(たつの市)の「アラ!」。商品名はのりつくだ煮のイメージとかけ離れているが、ひとたび口にすると、とろりとした食感と甘めの味に「あら、おいしい」。途端にとりことなってしまう。

「白いご飯のお供として最高」と胸を張るのは、取締役の頃安輝幸さん。主力商品であり、西日本では有数のシェアを誇る。

発売は1961(昭和36)年。のりつくだ煮は以前から製造販売していたが、当時は店頭での量り売りが一般的で、他社製品と区別してもらうために新しく命名した。名付け親は、入社4年目の社員。音の響きで目立たせたいという理由だった。

しかし、当初は営業マン泣かせでもあった。取引先から「変な名前だ」と怒鳴られることも多かった。それでも粘り強く売り続けた結果、独特の商品名でも、確かな味が消費者の心をつかみ、一気に広まった。

人気を支えるのは時代に応じた改良だ。現在は塩分を約3割抑え、シイタケや大豆入り、シソ入りなど品ぞろえも十

原材料は不変で、三重県産ノリを使用。納豆のたれなど活用の幅は広がっている＝たつの市新宮町

数種類まで増やした。ふたのデザインには、公募した子どもたちの絵を採用。毎月30通もの作品が届く。頃安さんは「孫や子どもの絵を喜ぶ人は多い。それも世代を超えるロングセラーの秘密」と話す。

近年は、食べ方の提案にも力を入れる。トーストに塗ったり、トマトにかけたり、パスタソースにしたり…。「アラ！」という驚きを届ける同社の挑戦は終わらない。

（末永陽子　２０１０年4月27日）

ブンセン／１９３４（昭和９）年、しょうゆ製造会社「鳳商店」として設立し、１９７０（昭和45）年に昔の通貨「文銭」から名付けた現社名に改称。その後、菓子や総菜などにも事業を広げた。つくだ煮「ポチャ」やしょうゆ「トロ」など商品名はどれもユニーク。２０１１年６月期の売上高７６億７６００万円。従業員約３１０人。

進化続ける伝統食品

昆布の佃煮「ふじっ子煮」

■フジッコ

とろろ昆布、加工煮豆「おまめさん」、カスピ海ヨーグルト……。ロングセラー商品を、これほど多く持つ企業も珍しいだろう。2010年で創業50周年を迎えたフジッコ（神戸市中央区）。最初のロングセラーが、昆布の佃煮をパック詰めした「ふじっ子煮」だ。

発売された1971（昭和46）年当時、昆布は量り売りの高級品だった。開発者は約1年半かけて長期の保存方法を研究。発売後は、一般家庭に急速に普及し、同社を全国ブランドに押し上げた。当初は大鍋やしゃもじを使い、ほとんど手作業で作っていたが、拡大とともに製法も進化。塩分は発売当初の半分以下になり、1980（同55）年には合成保存料を撤廃した。

当初はシイタケやゴマなど定番の4種だったが、現在は女性に人気のショウガなど11種に増え、減塩シリーズもある。

容器も進化を重ねている。1986（同61）年には、中の酸素を抜いてできたての味をより長く保てるカップ型を開発。2005年には隅に残った昆布を取り出しやすいよう、丸底などを採用した。

洋食化や海藻離れなどで一時伸び悩ん

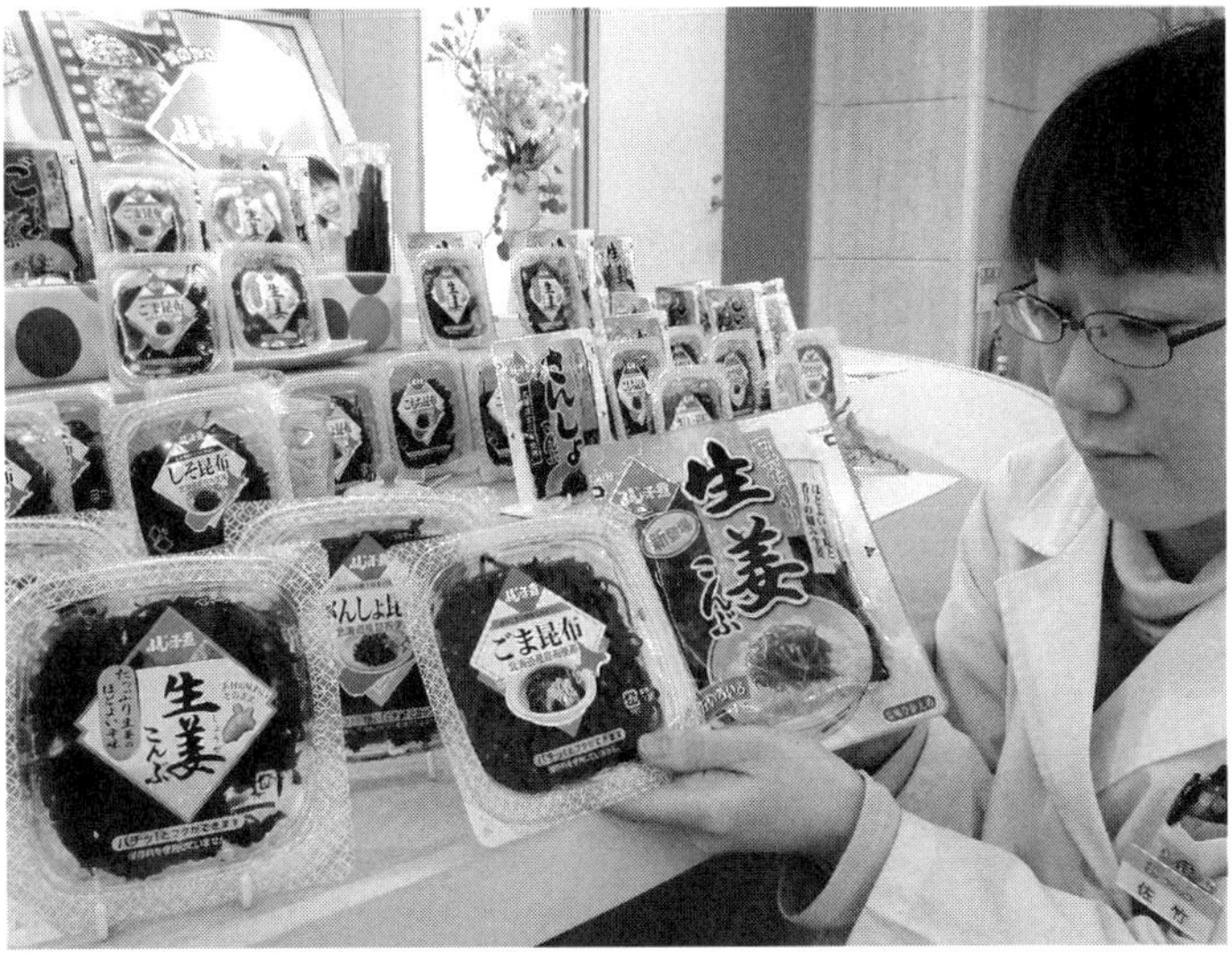

発売約40年の「ふじっ子煮」。当時の高級品を家庭に浸透させ、〝佃煮の革命児〟と呼ばれた＝神戸市中央区港島中町6

だが、パスタやいため物に使うレシピの提案などが奏功し、ここ2年で売り上げは約10%伸びた。「日本の伝統的食品を多く食べてもらうため、外見も中身も改善を続けたい」とは、昆布関連商品グループの亀山俊茂リーダー。社員の使命感が、進化を支える。

（末永陽子　2010年2月9日）

フジッコ／1960（昭和35）年、神戸市東灘区で「富士昆布」として創業。1985（昭和60）年に現社名に変更した。昆布や煮豆、漬け物のほか、近年はデザート分野にも力を入れ、1990年代前半にはナタデココがヒット。「カスピ海ヨーグルト」も人気を集める。栄養素や健康効果の研究も進め、学会発表も盛んに行っている。2012年3月期の売上高は532億円。従業員数2300人。

「地域の味」振興に尽力

イカナゴのくぎ煮

■伍魚福

瀬戸内に春を告げる風物詩、イカナゴのくぎ煮。稚魚の「シンコ」をしょうゆや砂糖、みりんなどで煮詰めて仕上げる。漁の解禁となると、あちこちの家から甘辛く、どこか懐かしい香りが漂ってくる。

この故郷の味を「主力商品」に育て上げたのが、珍味製造販売の伍魚福《ごぎょふく》（神戸市長田区）だ。商品化は1971（昭和46）年。取引先から「神戸で取れた素材でお土産を」と依頼され、くぎ煮に目を付けた。「当時は魚店などで売られている程度。家庭では今ほど炊かれていなかったようだ」と山中勧《かん》社長は話す。

全国的に知られるようになったのは1995年の阪神・淡路大震災がきっかけだ。「支援のお礼に」などと春が来るたびに5キロ、10キロと炊き、各地に発送する家庭が増えた。

同社は年間約20トンを生産する。大きめのシンコを使うのが特徴で、味は定番タイプ、サンショウ、クルミなど計5種類。解禁日が近づくと「いつ発売？」との問い合わせが相次ぐという。

これだけなじんだ今となっても、普及に臨む姿勢は相当なものだ。家庭の味を競うコンテストを毎年開催。2012年

イカナゴのくぎ煮を持つ山中勧さん。「強火で硬めに炊くのがうちの特徴」＝神戸市長田区野田町8

には、くぎ煮への思いをつづったエッセーや詩などを対象に「いかなごのくぎ煮文学賞」まで創設するこだわりぶりだ。

インターネット上では「くぎ煮検定」も実施。山中社長は「くぎ煮は地域とのつながりを感じられる商品。今後も振興に役立ちたい」。（土井秀人　２０１２年５月23日）

伍魚福／１９５５（昭和30）年創業。取り扱う珍味は約３５０種類に及ぶ。「くぎ煮」の登録商標を持ち、同社が運営する「いかなごのくぎ煮振興協会」がコンテストや文学賞を主催している。２０１２年２月期の売上高は約22億円。従業員65人。

8種の恵み、思わず口に
ミックスナッツ

■東洋ナッツ食品

缶のふたを開けると、香ばしい香りが広がり、思わず手がのびてしまう。アーモンド、マカダミア、ピスタチオ…。8種の木の実はそれぞれに味わいがあり、適度な塩味も手伝って食べ始めると止まらない。

世界で初めての1キログラム缶ミックスナッツは、実は神戸発祥だという。東洋ナッツ食品（神戸市東灘区）が発売した。現役の「トン　ゴールデンミックスナッツ」は1965（昭和40）年生まれ。ナッツが高級品で世間にあまり知られていなかった当時、複数の種類を味わってもらおうとできた。揚げ方や塩も、実によって異なる。

当時も今も、バーや高級クラブ向けの業務用が中心。「小皿に出したときに、きれいに見えるよう、配合を工夫しているんです」と同社営業企画グループのティムズ麻絵さん。銭湯が13円の時代、1缶1000円だったが、ときは「大きいことはいいことだ」のキャッチフレーズが流行した高度経済成長期。1キログラムの大型缶は百貨店催事の目玉になるなどヒットした。現在は900グラムで、アーモンドの配合を増やしたり、マカダミアを一粒丸ごと入れたりと、少しずつ〝進化〟を遂げている。

「桃栗三年」のたとえでいえば、ナッツは植樹から8年かかって実がなる。担当者は年に何度も、トルコや北米など海外の農場に足を運び、樹木や原料の状態を確かめる。世界の大地の恵みは、きょうも誰かの手を止まらなくさせている。

(広岡磨璃　2011年3月1日)

発売から45年を超えた「トン　ゴールデンミックスナッツ」を手にするティムズ麻絵さん。おやつや酒のお供に持ってこい＝神戸市東灘区深江浜町

東洋ナッツ食品／1959（昭和34）年設立。缶入りナッツの国内シェアは9割で、自社製品は約150種。近年はナッツの栄養素にスポットを当て、2003年から販売している「無塩」シリーズが人気。ドライフルーツも販売している。2011年9月期の売上高58億9800万円。従業員数195人。

徳用サイズの〝開拓者〟

「カンピー」ジャム

■加藤産業

きつね色のトーストにたっぷりとジャムを塗る。忙しい日本人の朝の定番だ。加藤産業（西宮市）の自社ブランド「カンピー」のジャムも約40年、朝の食卓を彩ってきた。フルーツ缶詰など自社製品は約３６０品目あるが、ジャムは全体売上高の約３割を占める。上郡工場（兵庫県上郡町）の荒木清工場長は「営業マンが取引先に自信作として紹介している」と誇らしげだ。

実は「カンピー」は、同社が１９５６（昭和31）年に設立した「関西ピーナッツバター工業」の略称。自社商品を強化するため、１９７０（昭和45）年に吸収。その後、主力のピーナッツバターのほかに、用途の広いジャムを製造し始めた。

発売時に驚かれたのが、その大きさ。特大サイズの1キロで販売し、業界で〝お徳用の開拓者〟と呼ばれた。現在は８５０グラムだが、イオンなど大手スーパーで定番商品となり、販売が一気に拡大。世帯の少人数化に伴い、食品製造各社は小容量を拡充するが、カンピーの人気は根強い。「昔は大家族向けで、今は不況による〝お得感〟が支持されている」と荒木工場長。

大きさはそれほど変えない一方、味は糖度を抑えるなど時代に対応。果実をつぶさないよう手作業でつくる「手造りジャム」や、パイナップルやマンゴー味の紙カップジャムも投入し、ファンを広げる。

　2010年からは中国でも販売。日本の定番からアジアの定番へ、飛躍を目指す。

（末永陽子　2011年11月23日）

新しい味やサイズも投入しながら進化する「カンピー」のジャム。今後の課題は容器の軽量化という＝兵庫県上郡町柏野

加藤産業／酒類、加工食品卸の大手。1945（昭和20）年、飲料水卸売業として創業。1947（同22）年に現社名に。自社ブランドでジャムや加工食品を展開。2007年には中国に進出し、2011年に海外事業推進部を設けるなど、海外戦略にも力を入れている。2011年9月期の売上高7024億円。従業員数1010人。

カレーに欠かせぬ存在
チャツネ

■ハリマ食品

老いも若きも、カレー好きの日本人。ペースト状の調味料「チャツネ」をご存じだろうか。マンゴーなどの果物やタマネギにスパイスを加えて炊き、熟成させる。専門店のカレーだけでなく市販のルーにも使用され、味に甘みと奥行きを与える欠かせない存在だ。

100年続く専業のトップメーカーが、加古川市に工場を置くハリマ食品(大阪市)。1911(明治44)年、前身会社の創業者が、インド人から本場の製法を学び、大阪で国内初のフルーツチャツネの生産を始めた。1958(昭和33)年に化学メーカー、ハリマ化成(加古川市)の創業者・長谷川末吉氏が会社を引き受け、その後、製造拠点を加古川に移した。

茶褐色のチャツネを口にすると、甘みと香ばしさが広がる。「インドでは、福神漬けのようにカレーに添える地域もあるんです」と、村津洋一取締役加古川工場長。日本ではカレーに混ぜて普及したが、そのレシピを広めたのもハリマ食品という。

大手食品メーカー向けをはじめ、年間1000トンを生産。その量はカレー5

万トン分に相当する。大半が業務用だが、サンドイッチや中華料理など幅広い料理の隠し味にもなる。「1食に3グラムで味が引き立ちます。ぜひ自宅でも試して」と山根耕治専務。

インドの伝統を下敷きに、日本式カレーを支える加古川産チャツネ。活躍の場を広げながら、次の100年へ歴史を刻んでいく。（広岡磨璃　2012年7月18日）

「チャツネの茶褐色は香ばしさの証し」と話す山根耕治さん（右）と村津洋一さん。業務用の一斗缶から家庭・店舗用の瓶入りまでそろう＝加古川市野口町水足

ハリマ食品／チャツネ製造で培った衛生管理が評価され、飲料の果汁エキスやサプリメントの原料なども大手に供給。一般商品としてカレー缶やシイタケうま煮、加古川名物のかつめしのたれも製造する。2011年12月期の売上高約14億円、従業員数約80人。

神戸育ち、定番のとろみ

とんかつソース

■オリバーソース

日本で初めてのトンカツソースは、オリバーソース（神戸市中央区）が1948（昭和23）年、製造・発売した。名称は今と同じ「とんかつソース」。当時、ソースといえば、日本にはまだウスターソースしかなく、発売すると瞬く間に人気を集めた。

ほほえましい誕生秘話がある。先代、道満《どうまん》俊彦氏の妻がまだ女学生だったころ。使っていたアルマイト製の弁当箱には、梅干しの酸で小さな穴が開いていた。コロッケが好きで、よく弁当に入れていたが、ウスターソースをかけると、したたり落ちて困ったという。

道満氏に嫁ぎ、この話をしたところ、扱いやすいとろみのあるソースのアイデアにつながった。ちょうど、洋食文化が急速に浸透しだしたころ。どんなソースが洋食に合うか――。試行錯誤の末、コーンスターチを使って粘りを持たせた濃厚ソースが完成した。洋食の中でも、庶民のあこがれとしてもてはやされていたトンカツ用ソースとして売り出すことになったという。

とろみのあるソースは、ソースの定番に。お好み焼きやたこ焼きにも使われ、

関西のトンカツの定番「とんかつソース」を持つ津田朝徳さん。右は発売当時の製品の複製＝神戸市中央区港島南町3

「関西の『粉もん文化』を支えた」と広報担当の津田朝徳《とものり》さん。

以後、オリバーはお好み焼き、焼きそば、たこ焼き、そば飯用のソースを次々に商品化し、発展した。ソースはそれぞれ、野菜、果物、スパイスなどの配合を変えてつくる。ソースの歴史は神戸の食の歴史でもある。（西井由比子　2010年8月10日）

オリバーソース／大阪の老舗しょうゆ醸造蔵の家の次男として生まれた道満清氏が、1923（大正12）年に「道満調味料研究所」として神戸で創業。1966（昭和41）年に現社名に変更した。資本金9960万円、2011年11月期の売上高は約19億7500万円。従業員数64人。

手作り貫く長田の味

ばらソース

■ばら食品

〝お好み焼きの聖地〟。お好み焼き店が密集する神戸市長田区は、ファンの間でそう呼ばれる。ファンをはじめ、知る人ぞ知る地ソースが、ばら食品の「ばらソース」だ。同区の六間道商店街に店と工場を構え、1955（昭和30）年に製造を始めた。

亡き2代目、浦野正義さんの妻、かず江さんは「初めは『肉天』いうんに付けられるようにと聞いてます」と明かす。すじ肉やねぎなどを炊いたのをメリケン粉と混ぜて焼いた肉天。さまざまな具が入るようになり、お好み焼きに発展する。「ケミカルシューズ産業が栄えた長田では、各工場で働く女性工員らの手軽な外食として根付いた」と教えてくれた。

同社はもともと、酒やしょうゆなどを扱う小売店だった。戦後、洋食の普及でソースが求められるようになり、店の裏に工場を建てて製造を始めた。家族経営のため従業員はわずか8人だが、現在は全国で200軒以上の得意先を抱える。店頭で聞く声を反映し、野菜や香辛料の配合を少しずつ変え、今の味ができあがった。近年は塩分や糖分を抑え気味にしている。

長田の人気お好み焼き店でも長年使われている「ばらソース」。「非常に濃く、香辛料が多いのが特徴」と浦野かず江さん＝神戸市長田区庄田町2

阪神・淡路大震災では大きな被害はなかったが、その後、地元を離れた全国の被災者たちから「長田の味が忘れられない」と、注文が押し寄せたという。「手作りでしかできない味だから、生産拡大は考えない」と、かず江さん。長年にわたって愛される下町の味は、こうして守り続けられている。

（末永陽子　２０１０年12月7日）

ばら食品／ソースはとんかつ甘口、同辛口、焼きそば、ウスターの全4種類。５００ミリリットルの家庭用、1リットル、１・8リットルの業務用の3サイズがある。店頭販売のみだが、卸先がネット販売を手がけている場合が多い。従業員数8人。ＴＥＬ０７８・６１１・３０４９

料理引き立つ素朴な味
ウスターソース
■神戸宝ソース食品

二度漬け禁止。だからこそ、たっぷりとつけたいのが、串かつ店のソース。素材の味を生かす、ぴったりなソースの一つが、神戸宝ソース食品（神戸市東灘区）のウスターだ。昔ながらの味を守り、地ソース王国・兵庫県でも愛され続けている。

口に含むと、ほどよい酸味に、野菜のうま味。中塩義尹《よしただ》社長は「時代に流されず、甘さ控えめを貫いてきた」と胸を張る。

リンゴやタマネギ、トマトなどを煮込んだスープは、醸造酢や塩で味を調える。仕上げに加える十数種類の香辛料は食欲を増進させる効果も。１週間ほど寝かせてようやく完成。小売店のほか、神戸大などの学生食堂でも親しまれてきた。

１９２８（昭和３）年に設立。先代の義雄さんは16歳のとき、「一旗揚げよう」と、広島県呉市から横浜市を目指した。しかし、途中下車した神戸の街を見て、「山が近くて海があり、呉にそっくり。ここで根を下ろそう」。兵庫区でソース製造業を始めた。

しかし、神戸大空襲で工場が被弾し、現在の場所に移転した。物資の少ない時代は、砂糖の代わりに甘味のある植物でしのいだことも。阪神・淡路大震災では、停電でしばらく営業ができなかった。

「仕上げに使い、料理の味を左右するのがソース。気が抜けないのは、いつの時代も同じ」と中塩社長。ぶれない素朴な味が、ファンを引きつける。

（土井秀人　２０１１年５月25日）

ソースを並べる中塩義尹さん。野菜のうま味を凝縮した甘酸っぱい味が売りだ＝神戸市東灘区住吉宮町２

神戸宝ソース食品／「一度食べたら忘れられないこの味！」がキャッチフレーズ。お好み、ウスター、トンカツなど。ソースタンクの底にたまる「おり」を使った「たまりソース」は限定品。すぐ売り切れるという。地方発送も可能。資本金１０００万円。従業員数５人。ＴＥＬ０７８・８５１・７３９２

じか火が生み出す風味
ウスターソース

■**阪神ソース**

日本初のウスターソースをうたう。阪神ソース（神戸市東灘区）が1885（明治18）年の創業時から製造し、「日ノ出」ブランドで販売している。

創業者の安井敬七郎氏が輸入品を研究し生産を始めた。もともと仙台藩お抱えの医者一家の13代目。そんな敬七郎氏がソースづくりに一生をささげることになった地が、神戸だった。

青年時代、敬七郎氏は医学や工業化学を学ぶため上京。その際に師事したドイツ人教授と神戸を訪問した。「ここにはおいしい肉があるのに、どうしておいしいソースがないのだろう」。教授のこの一言がきっかけになったという。

「食文化の夜明け」との思いを込め名付けた日ノ出ソース。その発売後、世界最古とされる英国のメーカーで指導を受け、1896（明治29）年、神戸市兵庫区に本格的な工場を設けた。

「製法はほとんど変わっていません」と安井洋一社長。トマトやリンゴなどの野菜や果物の搾り汁に、塩、香辛料を加え煮込むと、さらっとしたウスターソースができあがる。守り続けているのは、じか火での煮込みだ。「釜の縁に焦げができる。それが絶妙な風味を生み出す」。

同社には昭和初期の製造記録が今でも保存されている。古びたノートを繰ると「酸味が強い。さらなる研究が必要」など日々の試行錯誤がつづられている。味を守る不断の努力は、今も脈々と受け継がれている。

（井垣和子　２０１１年８月10日）

創業時から製造販売している「日ノ出ソース」。「時代に合わせて商品を磨き続けたい」と安井洋一さん＝神戸市東灘区本山南町1

阪神ソース／主な商品は、創業当時のレシピを基にした「敬七郎」と、熟成ソースをブレンドした「サンライズソースin１９８４」。「日ノ出ソース」ウスターソースは２０１２年１月に容器とパッケージを一新。資本金１千万円。２０１１年12月期売上高約５億円。従業員数は同年７月時点で40人。

ドレッシング用「万能選手」

サラダ酢

■マルカン酢

老舗メーカー、マルカン酢（神戸市東灘区）の創業は、江戸時代初期の1649（慶安2）年。まさに日本一のロングセラーのお酢だが、種類は多岐にわたる。その中でいぶし銀の存在感を放つのが、200ミリリットルの小瓶に入った「サラダ酢」だ。

1964（昭和39）年発売。その名の通り、サラダ用の調味酢だ。今でこそ多種多様なドレッシングがスーパーに並ぶが、発売当時、ドレッシングは酢と塩こしょう、油を合わせて家庭で作るものだった。簡単なようで難しく、「サラダ油を加えれば、すぐフレンチドレッシングの味わいになるように」との発想から生まれた。

りんご酢をベースに、ニンニクやクミンなど10種類のスパイスを配合。マーケティング室主査の林裕美さんの「そのままでもおいしいですよ」との言葉通り、サラダにかけるとさわやかな酸味と香味が口の中に広がる。油を加えると、さらにこくが重なった。

リピーターが多く、「箱買い」して周囲に配るファンも。ドレッシングの普及で下火になりかけたが、2005年に「宮内庁御用達」としてテレビで紹介されたのを機に人気が再燃した。
「常に新鮮な油でドレッシングができることも、見直されています」と林さん。

ハイカラ感漂うラベルの「サラダ酢」をPRする林裕美さん。常温で日持ちする点も主婦に受けているという＝神戸市東灘区向洋町西5

しょうゆ、ごま油、カルパッチョ用にオリーブオイル——と、それぞれの調味料の個性を生かす万能選手。かつて家庭の西洋化を支えた存在が、今では食卓の〝多文化共生〟に一役買っている。（広岡磨璃　2012年10月3日）

マルカン酢／尾張藩で創業。サラダ酢のラベルにある「丸勘」マークも300年以上使用している。明治期に名水と酒かすを求めて神戸へ。1988（昭和63）年に現本社に移転、米国で醸造開始。品目は家庭用と業務用で計数百種類。サラダ酢は自社通販で280円。従業員約110人。

学校給食など100種類超

業務用マヨネーズ

■ケンコーマヨネーズ

昔からまったく変わらない味がうれしい。

業務用を主に手掛けるケンコーマヨネーズ（東京）。特に親しまれているのが、学校給食でおなじみの小袋入り。両手を広げて元気に走る男の子がトレードマークだ。

サラダ油など食用油メーカーとして1958（昭和33）年、神戸市灘区で創立。「食の洋風化が進む」と見越して1961（同36）年にマヨネーズに切り替えた。マヨネーズは成分の60～70％が油分。それに卵と酢を加えて、かき混ぜるとできる。「参入しやすかったのでしょうね」と、神戸工場長の岸部秀樹さんが話す。

食用油の販売先だった食品会社などに売り込みをかけた。当初は18キログラムの一斗缶だけだったが、1キロ、5キロ、10キロとサイズを分けると、さらに注文が増えた。

当時、マヨネーズは珍しく、社員らはサラダや総菜、パンなどと組み合わせては新しい調理法を考え、卸業者に提案。実際に食べて納得してもらった上で、販売を後押しした。

顧客の要求にも細かく対応した。パン

の表面に付けて焼いても型くずれしない製品や、野菜の水分を包み込んで液だれしないタイプなど具材ごとに考案した。今では、小売りも合わせて百数十種類に上るという。2006年に連結売上高500億円を達成し、2011年3月には東証2部に上場した。岸部工場長は「これからも細かいニーズに応じる小回りの良さで勝負したい」と話す。

（松井　元　2011年4月20日）

商品を手にする岸部秀樹さん。ユーザーの多様なニーズに応じた商品を展開する＝神戸市灘区都通3、コープこうべ六甲アイランド食品工場

ケンコーマヨネーズ／1966（昭和41）年にケンコーマヨネーズに社名変更した。1967（同42）年に名古屋、東京に進出するなど営業強化を推進。現在、神戸市灘区に本店、東京に本社、全国に6工場と14の販売拠点を構える。2012年3月に東証1部に上場。2012年3月期の売上高518億7800万円。従業員数1278人。

手軽に関西風の本格味
うどんスープ

■ヒガシマル醤油

お湯を注ぐと、関西風味のだしの香りがほんのり広がる。湯通ししたうどんと具を入れると完成だ。

粉末のうどんスープは、うすくち醤油トップメーカーのヒガシマル醤油（たつの市）が１９６４（昭和39）年に初めて発売。現在、年間販売数は約２億３００0万食で、シェア約８割を誇る。

「控えめで、飽きのこない味を心がけた」と振り返るのは、開発者の一人で、子会社役員の髙橋孝雄さん。数年かけて関西や四国のうどん店をめぐって、たどり着いた味だ。北海道のコンブに、鹿児島産のかつお節…と、素材にもこだわる本格和風だしは、うどんだけでなく、お吸い物や茶碗蒸し、だし巻きなど、さまざまな料理にも合う。手軽に、幅広く使えるのも人気の秘訣だ。

長年の愛好者が多く、味の変化は命取り。厳しい認定基準を設けて、味を守り伝承する人材の育成にも力を入れる。現在、５人の品質管理スタッフが毎日、味をチェックしている。

ただ守るのではなく、時代の変化に合わせ、ほとんど気づかれないレベルで、味を高める努力も続ける。現在の味は、

すっかり食卓でおなじみとなったヒガシマル醤油の「うどんスープ」を手にする開発者の一人、髙橋孝雄さん（右）と松村泰憲さん＝たつの市龍野町富永

当初に比べると、塩分を控え、まろやかな味になっているという。

うどんスープだけでなく、ちょっとどんぶり、ちょっとぞうすい――など、息の長い人気商品が多い。「食卓で『これがあってよかった』と喜ばれる商品を作りたい」と髙橋さん。商品とともに温かい気持ちも届けている。

（松井　元　2010年5月18日）

ヒガシマル醤油／天正年間（1580年ごろ）創業。醤油、液体調味料の製造販売、粉末調味料の販売を手掛ける。粉末調味料の製造は子会社のヒガシマル食品が担う。資本金5億4500万円。2011年12月期の売上高は約193億円。2012年7月末時点の従業員数445人。

家庭で手軽に本格中華

味　覇

■廣記商行

トレードマークは赤い缶。本格中華の味が手軽に楽しめ、根強い人気を誇る中華スープのもと「味覇《ウェイパァー》」だ。「もともとはプロの料理人向けに、父が開発したのです」。廣記商行（神戸市灘区）2代目の鮑悦初社長が話す。ふたに描かれた丸顔でやさしそうに笑う似顔絵は、父親の日明さん（故人）だ。

日明さんは戦後、外国航路の貨物船に乗り込み、船内で料理をする機会も多かった。寄港先でみる各国の食材に興味を持ち、1953（昭和28）年、神戸・南京町で中華食材の店を創業した。

中華料理店を回って食材を販売するうちに、スープ作りが店主らの共通の悩みだと気づいた。仕込みに時間がかかり、大量に出る鶏がらなどの処理に困っていた。「濃縮スープづくりの設備を持つ大阪の食品メーカーに通い、試行錯誤を続けたようです」と鮑社長。鶏がらや豚骨、野菜などをブレンドし、納得のいく練りスープを作るのに1年ほどかかった。

1970年代後半、業務用に20キロ缶で発売。料理人から「家で使いたい」との声が出て、1キロ缶を出した。量販店に「もっと小さくすればさらに売れる」

売り場でもひときわ目立つ味覇の缶。鮑悦初さんは「赤はおめでたい色なんですよ」と話す＝神戸市中央区元町通１

と言われ、５００グラム、２５０グラム缶を投入したことで、一般家庭に浸透していった。

人気は関西から全国へ広がり、今は中国へも輸出する。鮑社長は「使いやすさと中華の基本的な味付けがよかった。本場・中国で浸透すればうれしい」。

（松井　元　２０１１年１月18日）

廣記商行／１９５３（昭和28）年、神戸・南京町で、中華食材の卸・小売業者として創業。練りタイプの中華スープのもと「味覇」を中心に事業を拡大している。資本金１０００万円。２０１２年２月期の売上高は約93億円。従業員１５３人。

変わらぬ「薄めるだけ」

万能だしの素

■麺素

「だしの素《もと》の創始者」として農林水産省から表彰された人がいる。麺素《めんそ》（尼崎市）の創業者、故藤井乙吉《おときち》さん。今では一般的となった液体だしの素を1952（昭和27）年に開発した。「当時からレシピも味も変わらない」。孫で3代目社長の一成さんは胸を張る。

開発のきっかけは、ふとした出来事からだ。醤油製造業だった乙吉さんがうどん店に入ったところ、店主が「だしが切れたから」と客に帰ってもらっていた。「だしが簡単にできれば、店も困らないし、遅くまで働く労働者も食べられる」。それが原動力となった。

醤油ベースでカツオや昆布のエキスが詰まった品に仕上げ、商品名は「麺つゆの素」を略した。

当時は一からだしをとるのが当たり前の時代。「薄めるだけ」というのになかなかなじんでもらえず、売り込むのに苦労した。味や手軽さが少しずつ理解され、ヒット商品になると、商品名を社名にした。

昔ながらのレシピゆえの個性も。当時は保存料がなかったため、濃縮させたが、今も13倍という濃さで作る。薄めて使う分、経済的で色は薄口醤油ほどのため、煮物に使うとニンジンの色も引き立つ。「他社のように2倍の濃縮度で作れるが、昔からのお客さんも多く、味を変えたくない」。こだわりぶりは老舗ならでは。

一成さんは「麺素を受け継ぎつつ、息の長い商品を新たに育てたい」と力を込める。

（段　貴則　２０１１年３月29日）

「煮物、吸い物、うどん…。万能なんですよ」と話す藤井一成さん＝尼崎市南武庫之荘９

麺素／藤井乙吉氏が１９５２（昭和27）年、伊丹市で伊丹醤油として創業。１９６３（同38）年に現社名とした。手軽に使える万能だしの素「麺素」は、ラベルの基本デザインも当時のままという。「味づくり一筋」を掲げ、業務用調味料など幅広く手掛ける。２０１２年８月期の売上高は２億４０００万円。従業員数は18人。

和洋折衷、独特の味と形

神戸ハイカラメロンパン

■コープこうべ

生活協同組合コープこうべ（神戸市東灘区）には、約60年前に商品化されてからずっと、菓子パン部門で売り上げ断トツ首位のパンがある。

「神戸ハイカラメロンパン」。メロンパンといえばまん丸で、表面が堅くて甘いのが一般的。ところがこれは、アーモンド形で表面はふわふわ。中には、なぜか白あんが入っている。

食べてみると、白あんのまったりとした食感が独特だ。「こんな味、ほかにないでしょう」と菓子パン部門チーフの中原太郎さんは自信たっぷり。白あんにはマーガリンを混ぜ、口当たりをなめらかにしているのだという。

コープこうべの独自商品で、コープの六甲アイランド食品工場（神戸市東灘区）で製造している。軍手の従業員らがオーブンから出てきたパンに乗った焦げ色の型をはずしていくと、焼き目のきれいに入ったパンが顔を出す。甘い香りがふわり、鼻をくすぐる。「ぼく、パンの中ではこれが一番好きです」と中原さん。

１９５２（昭和27）年、当時17歳だったパン職人後藤又右衛門さんが発案した。かつてはメロンといえばマクワウリを指したので形は楕円。焼き型には、三宮の道具店で見つけたオムライス用の型を使った。白あんは、くりまんじゅうを応用したアイデアという。

先人の知恵とハイカラな神戸の気風が詰まったメロンパンは、半世紀にわたって神戸っ子に愛されている。

（西井由比子　２００９年12月22日）

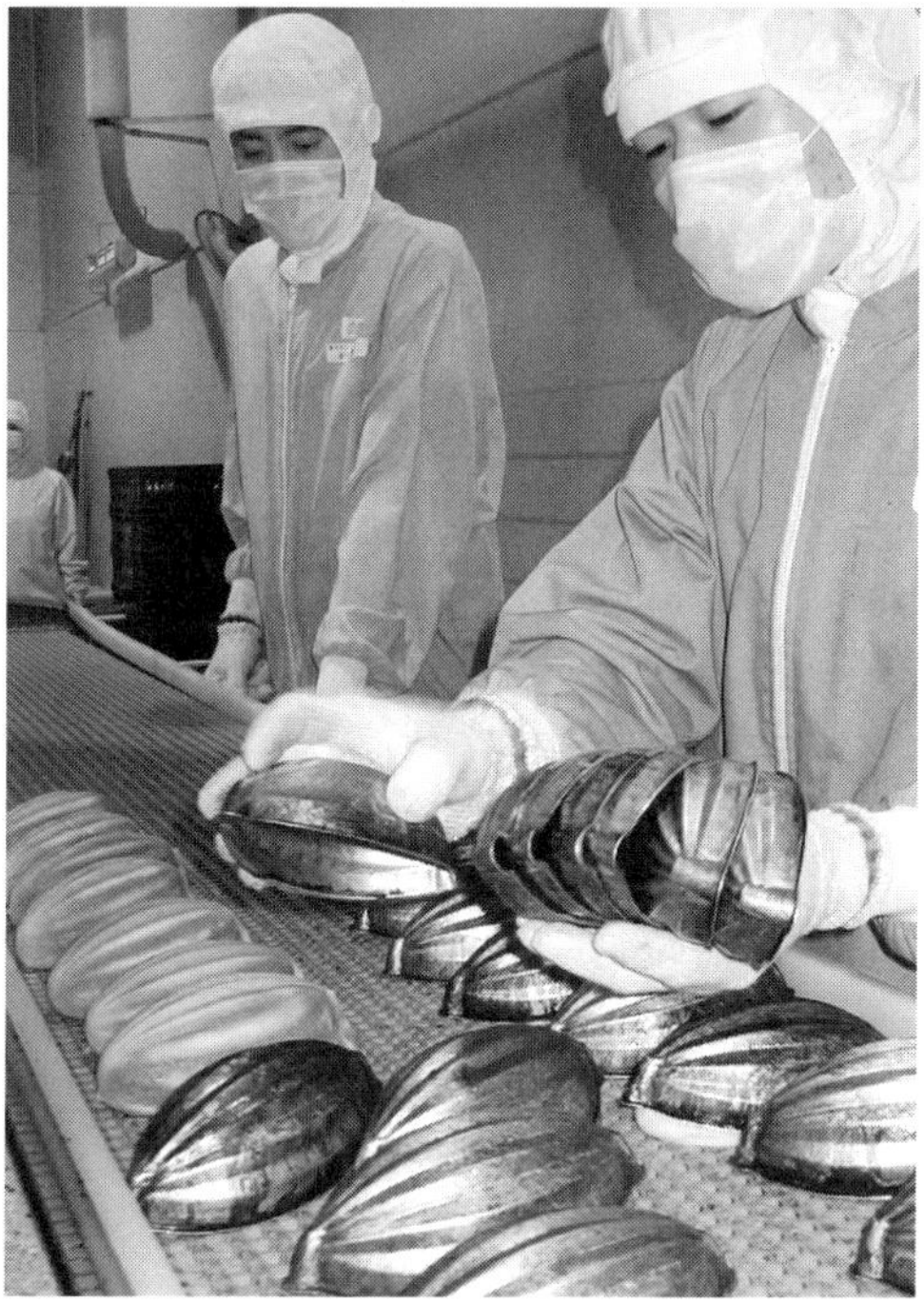

焼き型をはずし、出来上がったばかりの神戸ハイカラメロンパン＝神戸市東灘区向洋町西２、コープこうべ六甲アイランド食品工場

コープこうべ／２００８年度のパンの販売個数は、神戸ハイカラメロンパンが２６５万個、２位の「小倉あんパン」は79万個、３位で一般的なメロンパンの「サンライズ」は33万個。１位と２位以下の差は大きい。２０１１年度の供給高は２５２５億９４００万円。総職員数は２０１２年６月時点で１万３５３人。

27層の生地で軽い食感

ミニクロワッサン

■ドンク

愛らしい手のひらサイズで、焼きたてを店頭で量り売りするミニクロワッサン。香ばしさとシロップの甘い香りが漂い、買い物客の足を止める。ドンク（神戸市東灘区）のパンの売り上げの18％を占める看板商品だ。

1984（昭和59）年、札幌の1店舗で生まれた。小さなクロワッサン自体は店頭で売っていたが、店内で焼き、量り売りを始めたところ大ヒットした。「ミニクロワッサンを詰めた紙袋を抱えて歩く人がたくさんいた」と札幌出身で当時まだ入社前だった営業本部の宮崎雅章さん。「札幌にはドンクが1店しかなかったが、知名度は一気に上がった」。

職人らがその後改良を重ね、約10年かけて全国ブランドに成長した。はやり廃りの激しい食品業界で長く愛されるのは、独特の軽い食感と飽きのこない風味を実現しているから。例えば、さくっとした食感は、生地を27層に重ねることで生まれる。「27層より多くても少なくてもだめ」。焼くと内部にきれいなハチの巣状の空洞ができる。

プレーンで100グラム158円（平均4、5個）と手ごろな価格も人気の秘訣だ。おやつ代わりにもちょうどよく、定番のプレーンとチョコは全店で販売し、このほかに地区別の商品がある。２００６年には、クロワッサンに加えて、よもぎもちパンなど地域別の期間限定ミニ商品を販売する別ブランド店「ミニワン」も誕生し、全国で出店を広げている。

（西井由比子　２０１０年５月25日）

ミニクロワッサンの量り売りをするミニワンそごう神戸店＝神戸市中央区小野柄通８

ドンク／１９０５（明治38）年「藤井パン」として創業。フランスパンで有名。ミニワン店舗は、駅構内の「駅ナカ」や高速道路のサービスエリアなどに出店中で、現在全国に１３７店。オリジナルのドンク店舗（１３９店）に迫る勢いだ。２０１２年２月期の売上高は３２７億６００万円。従業員数は１０４５人。

絶妙のバランスで人気

あん食

■トミーズ

重みのある食パンを切り分けると、小倉あんがきれいなマーブル模様を描く。神戸市東灘区の製パン店「トミーズ」で20年来の看板商品だ。「トーストにし、バターを塗って食べるのがお勧めです」と、2代目の菊池浩史社長。

「あんこを入れた食パンを作ってほしい」と、取引先のレストランから依頼されたのが始まり。小豆を独自にブレンドした小倉あんや生クリームの入った生地など、互いの相性を考え商品は完成した。ただ、あんが少ないと物足りなさを指摘され、逆に多すぎても、あんの重みで生地との間にすき間ができてしまう。常に絶妙のバランスが求められるという。

発売当時は、珍しい組み合わせに客の反応は良くなかった。が、味が評価されると、人気が上昇。ネット通販も始め、抹茶と丹波産黒豆を加えた姉妹品も誕生した。テレビで紹介され、全国から1日1000件もの注文が殺到したこともある。

小麦本来の味を出すため、生地は手作りを貫く。機械化も検討したが、「味が全然違う」（菊池社長）。1日800個を製造し、通販は1日7件、百貨店の催事への出店も月2回程度と決めている。
２００７年に商標登録した「あん食」は店の売り上げの半分を占める。「焼きむらがなく、しっとりした仕上がりになる」というガスオーブンを２０１０年秋に導入。菊地社長は「手づくりと焼きたてにこだわりたい」と話す。

（石沢菜々子　２０１１年４月27日）

商標登録した看板商品の「あん食」を、本店前で手にする男性従業員＝神戸市東灘区魚崎南町４

トミーズ／１９７７（昭和52）年創業。ＪＲ三ノ宮駅周辺など神戸市内に５店舗を構える。本店は、２０１０年10月に新設した工場（神戸市東灘区魚崎南町４）の敷地内に移した。「あん食」（１・５斤）は６００円。ホームページで地方発送の注文も可。従業員数は２０１２年８月時点で約40人。ＴＥＬ０７８・４５１・７６３３

ふんわり感、手作業の技
フラワー
■ニシカワ食品

花びらのように、くるくると巻かれた白と茶色のパンを、外側からむしっては味わう。たっぷり掛かったホンザン（砂糖）と、生地と生地の間に塗られたバタークリームの濃い甘さが口に広がる。

ニシカワ食品（加古川市）の菓子パン「にしかわフラワー」。１９６５（昭和40）年ごろから製造販売しているという。同社で最も長寿のパンで「子どものころ、近所の店で買っていた」と地元出身の花房賢・商品企画室長。「入社して、手の込んだ作り方に驚いた。元工場長が考案したオリジナル。なかなか、まねはできないはず」と自負をのぞかせる。

２色の生地を交互に織り込んだ縦約60センチ、横約40センチ、高さ約５センチのパンを焼き、縦に約２センチの幅でカットする。ステンレス製の簀《す》に横たえ、クリームを塗る。そして、巻き加減は、強すぎず、弱すぎず。ふんわり感を残しつつ、形くずれしないように。最後にホンザンに漬けて、できあがる。工程のほとんどが手作業だ。

「時代を超えて人気があるから続けてこられた」と卸販売課の今井准一チーフマネージャー。販売は工場周辺が主だが、

50年近く販売している「にしかわフラワー」と、カット前のパンを抱える花房賢さん（右）＝加古川市野口町長砂

加古川に進出した大手スーパーに納入したところ、他からも引き合いが相次いだ。今では、近畿一円、中国、四国方面にも出荷している。

一つ126円。「小さくとも、おいしいものを届ける」との創業精神も巻かれている。

（内田尚典　2012年2月29日）

ニシカワ食品／1947（昭和22）年創業。パンや菓子製造、弁当宅配などを手掛け、2011年度でグループ年商約60億円。西川隆雄社長は10年まで2期6年、加古川商工会議所会頭を務めた。従業員約320人。

心意気が支える味わい

フランスパン

■ビゴの店

芦屋市にあるベーカリー「ビゴの店」本店は、看板商品のフランスパンを求めて連日、多くの常連客でにぎわう。「フランスパンの神様」とも呼ばれるフィリップ・ビゴ社長が1972（昭和47）年に開店。2012年で40年を迎えた。

店内は香ばしいにおいに包まれ、焼きたてからはパチパチと音が聞こえる。皮はぱりっと固く、中は弾力あるしっとりした食感。毎日食べても飽きがこない素朴な味だ。

フランス西部の都市ル・マンのパン屋に生まれたビゴ社長は、1965（昭和40）年に東京で開催された国際見本市で製造実演するため来日した。会場では最新のオーブンなども展示。「私は機械と一緒におまけで来たんやね」とユーモアたっぷりに語る。

当時は22歳。周囲は日本行きを心配したが、パン作りの師匠が「ビゴは指導者の器を備えている」と太鼓判を押した。「期待に応えたい」との思いが、異国でのパン作りの原動力になった。

見本市の閉幕後、ドンク（神戸市東灘区）に技術指導者として迎えられ、7年間在籍。同社の芦屋店を譲り受けて独立開業した。
材料と丁寧な発酵を大切にしている。小麦粉と水、塩、酵母を基本に添加物は使わない。発酵には最低5〜6時間かける。

「パンは命の糧やからね。自然の素材でゆっくり作らないといいものはできない」。アルチザン（職人）の心意気がおいしさを支える。（井垣和子　2012年8月8日）

「これからもおいしいパンを作り続けたい」と語るフィリップ・ビゴさん＝芦屋市業平町6

ビゴ／芦屋や神戸、西宮など兵庫県内と東京に直営のベーカリーやサンドイッチ店、レストランを13店展開。ベーカリーは各店に工房を構える。1号店を芦屋市松ノ内町で開店し、1982年に現在の本店（同市業平町6）に。従業員約150人。「ビゴの店」は屋号。

手作り主義、〝年輪〟刻む

バウムクーヘン

■ユーハイム

専用オーブンの中で、生地を巻き付けた約1・3メートルの棒がくるくると回る。焼き色が付くと取り出し、生地を巻き付けて再びオーブンへ。この作業を約30分かけて数十回繰り返すと、あの〝年輪〟でおなじみのバウムクーヘンができあがる。

「いい顔に仕上がったね」。ユーハイム（神戸市中央区）の安藤明神戸工場長はオーブンをのぞき込みながらほおを緩めた。

本国ドイツでは「樹木のケーキ」の意味。日本で初めて商品化したのが、創業者のカール・ユーハイム氏だ。１９０９（明治42）年の創業以来、同社の代表商品であり続ける。年間生産は２０００本。売り上げは全体の約3割を占める。

「おいしさの秘密は、昔ながらの手作りを守っているから」と、安藤さん。全国に2カ所ある工場では、職人約１５０人が各自1台のオーブンを担当し、付きっきりで焼く。トイレに行く際はブザーを鳴らし、補佐役に作業を代わってもらって焼き続ける。棒を回す速度、焼き加減は職人が判断する。

味を均一にするため、生地の温度と重

さは毎日はかる。しっとりとした食感は、高温で短時間で焼き、水分の蒸発を防ぐことで生まれるという。安藤さんは「手作りだからこそ、長年支持されてきた」と胸を張る。約100年前と同じやさしい甘さと舌触りを守りながら、さらに〝年輪〟を刻み続ける。

（末永陽子　2009年10月27日）

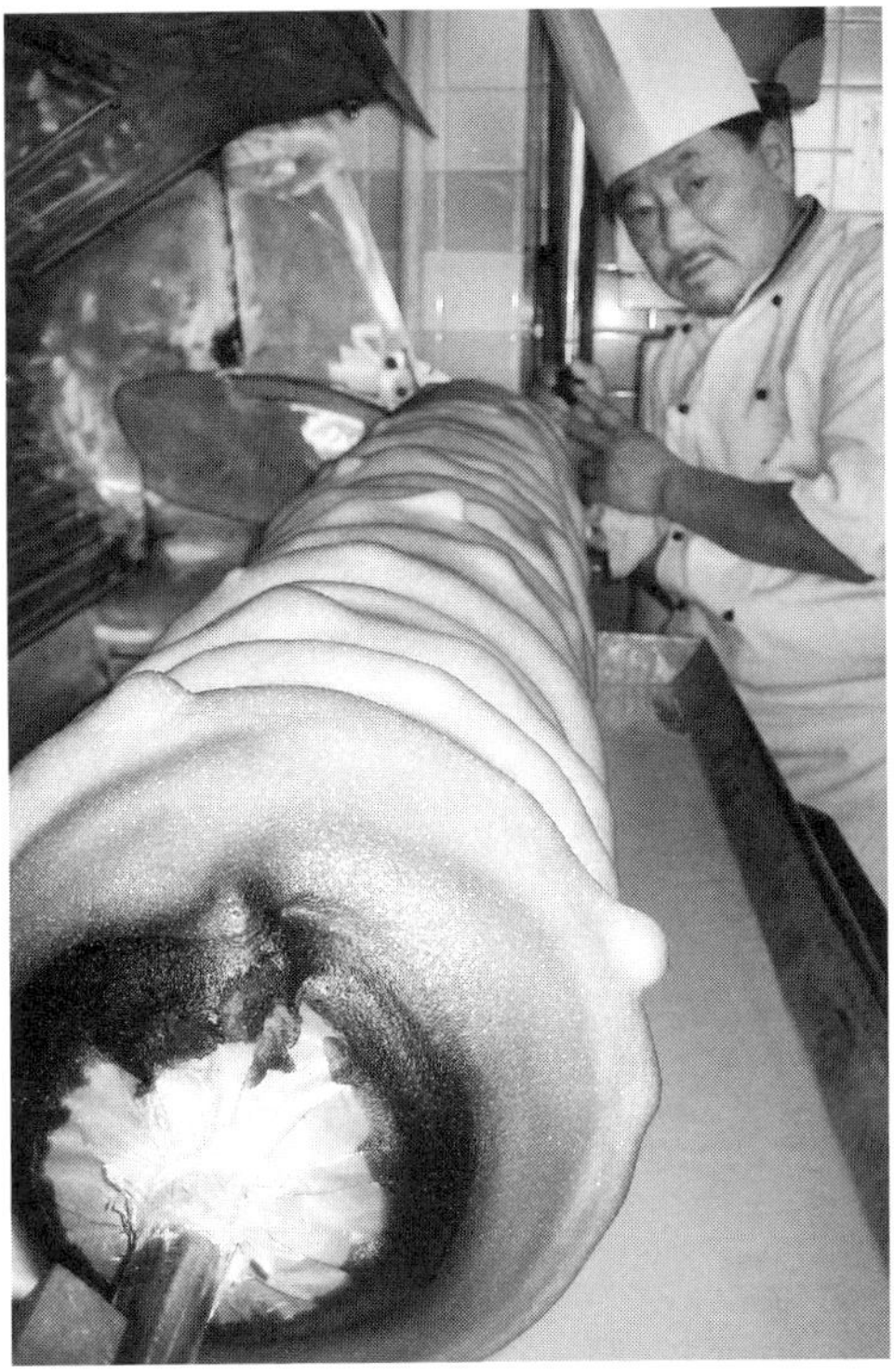

焼き上がったバウムクーヘンを確認する安藤明さん。添加物を一切使わない点も人気を集める＝神戸市中央区、ユーハイム元町本店

ユーハイム／ドイツ人のカール・ユーハイムが1909（明治42）年、ドイツの租借地だった中国・青島で開業。関東大震災や戦争などを経て1923（大正12）年に神戸に移り、再び開業した。現在は配合やデザインを変え、バウムクーヘンのブランドは四つある。全国342店舗。2011年度の売上高は約310億円。従業員は730人。

気付かせずに〝進化〟

カスタードプリン

■モロゾフ

高さ約8センチ、直径7・5センチのガラス容器を裏返すと、フルフルと皿の上に踊り出た。1962（昭和37）年のデビュー以来、味、見た目ともほぼ不変。「プリンをはさんで3世代が思い出を語り合える」と、モロゾフ（神戸市東灘区）製品開発グループの大門弘典さんは、胸を張る。

ルーツは、同社が東京・銀座で営んでいた喫茶店のメニュー。冷蔵庫の普及に合わせてゼラチンなどを使って冷やして固める家庭用プリンが広がっていたが、牛乳、卵、砂糖を蒸し固める濃厚な味は、高級レストランのコース料理で楽しめるくらい。喫茶店では、飛ぶように売れたという。

支持にこたえようと、店舗販売を決定。当時の容器は陶製で大量生産できず、コストもかさんだため、1973（昭和48）年からガラス容器に。持ち帰り時に低温を維持しやすく、適度な重さが〝ありがたみ〟を感じさせるプラス効果ももたらし、手土産としての人気につながった。

2004年には発売以来初めて味を改良。別種の卵をブレンドし、コクに磨きをかけた。ガラス容器も、使い勝手などを考えてデザインの変更を重ねるうち、コップ代わりに保存する家庭が増えるなど商品の顔になった。客層は広がり、年約800万個を販売している。

「変わらない製品はさびつく。でも、変わったと気付かれればファンは離れる」と大門さん。不変と変化の微妙なバランスが、時代を超え、甘党の心を放さない。（佐伯竜一　2009年10月6日）

モロゾフのカスタードプリン。トレードマークのガラス容器から皿に移すと、より美味に＝神戸市東灘区向洋町西5

モロゾフ／1931（昭和6）年創立で、プリンはチョコレートと並ぶ看板商品。日本で初めてピロシキを販売したり、バレンタイン広告を打ったりと、先取の気質が伝統になっている。943店を展開し、2012年1月期の売上高は263億4200万円。従業員約770人。

守り続ける素朴な調和

ざくろ

■元町ケーキ

秋に熟すと硬い外皮がはじけるように割れて、赤い果肉が現れる。果物のザクロも人気だが、〝神戸っ子〟にとってはこちらの「ざくろ」の方がなじみ深いだろう。

ふわふわのスポンジが割れて、中からのぞくのは真っ白な生クリームと真っ赤なイチゴ。老舗洋菓子店・元町ケーキ（神戸市中央区）の看板商品だ。

１９４６（昭和21）年に開業。40年以上前、和菓子職人だった創業者が、皮にあんを包む作業をヒントにして考案した。生クリームや卵は時代とともに高品質にしたが、見た目も配合も当時から変わらない。「材料も味もシンプルだからこそ、ごまかしが利かない」と3代目の大西達也さん。

国内産が不足する期間だけ米国産のイチゴを使うが、２００１年の米中枢同時多発テロの直後は輸入が停止し、ブドウなどで代用した。「全く売れなかった」と苦笑する。カステラ生地と生クリーム、イチゴの酸味のバランスがロングセラーのゆえんのようだ。

大西さんは大阪出身で2代目の娘婿。交際中に、ざくろを食べて感動し、26歳で洋菓子職人を目指した。老舗の看板を背負うプレッシャーと闘いながらも、コンクールに積極的に挑戦。国内で優勝を果たす腕前になった。「『おいしくなった』より、やっぱりおいしい、変わらないと言われる方がうれしい」とほおを緩める。

3代目の情熱が、神戸っ子御用達スイーツを支えている。

（末永陽子　2010年7月6日）

店のキャッチフレーズに〝ママの選んだ〟とあるように、保存料などは使わずに製造。「安心して子どもに食べさせてください」と大西達也さん＝神戸市中央区元町通5

元町ケーキ／ほとんどのケーキは300円前後。1番人気のざくろは260円。3世代にわたるファンも多く、1日平均1000個売れる。2007年に元町本店を改装し、車いすやベビーカーも入店可能になった。大丸神戸店と芦屋市の打出小槌店がある。TEL078・341・6983

生地と具材、一体感重視

アップルパイ

■神戸ポートピアホテル

2011年に開業30年を迎えた神戸ポートピアホテル（神戸市中央区）で、当初から根強い人気を誇るスイーツといえば、アップルパイだ。

華やかなデビューだった。1981（昭和56）年3月。同ホテルのあるポートアイランドでは、同時期に地方博覧会の先駆けとなった「ポートピア'81」が始まった。全国から集まった客が、オープン間もないホテルに長蛇の列をなした。

「寝る暇もないほどの忙しさ。アップルパイも飛ぶように売れた」。当時、製菓シェフの一人だった阪本剛紀製菓・製パン統括料理長は振り返る。

アップルパイは「日本の伝統的なホテルに欠かせない洋菓子」（阪本料理長）という。フランス菓子が基本のホテルで、米国で定着しているアップルパイは異色の存在だ。

パイ生地は、具のリンゴとの一体感を重視。一般的に菓子に適しているとされる「紅玉」ではなく、「生でおいしいのが一番」と、信州産の「ふじ」を使用。国産の材料を使うことにもこだわった。

あれから約30年。「洋菓子の文化が根付く神戸で、世界中から訪れる人々に感動を与えるスイーツでもてなしたい」と、阪本料理長は多彩な洋菓子づくりに腕を振るう。

レシピは開業当時からほとんど変わっていない。派手さこそないものの、正統派スイーツは、ホテルの歴史とともに伝統の味として生き続ける。

（石沢菜々子　２０１０年11月23日）

アップルパイを手にする阪本剛紀さん＝神戸市中央区港島中町６

神戸ポートピアホテル／１９８１（昭和56）年開業。客室は７４５室と神戸最大。ホールや36の宴会場を備える。フランス・リヨンの二つ星レストランと提携した「トランテアン」などのレストランが入る。資本金45億円。２０１２年３月期の売上高は８７億８６００万円。同年８月時点の従業員数４４０人。

創業から続く素朴な味

クローネ

■ケーニヒスクローネ

幾層にも重なって筒状になったパイ生地に包まれるのは、カスタードクリームとあずきあんの2種類。しゃりしゃりとした食感と優しい甘味で、あっという間に胃袋に収まるが、食後の満足感は1個95円とは思えないほどだ。

ケーニヒスクローネ（神戸市中央区）が1977（昭和52）年の創業時から販売する「クローネ」。当初は「コルネ」の名で売り出したが、購入客が店名の響きから「クローネをください」と呼ぶようになり、そのまま定着したという。名実ともに看板商品だ。

クローネは「おいしいお菓子を買いやすい価格で」という社長の濵田秀世さんの理念が表れた品でもある。発売当初は60円。その後、原料費は上昇を続けているが、「この商品だけは常に採算ぎりぎりの価格」と取締役営業本部長の三嶋暢子さんは笑う。「1本から大人数が食べられる手土産まで、気軽に買って、楽しんでほしいんです」。

製法は昔も今も変わらない。大手メーカーに特注したバターをふんだんに使った生地を職人が手巻きし、窯で焼く。その数は1日数万本に上るが、「クリーム、あんは、基本的に注文を受けてから詰めています」と三嶋さん。生地に水分を移さないためで、このこだわりが、ぱりっとした独特の食感を生んでいる。

社名はドイツ語で「勝利の王冠」。素朴だが、存在感を放つクローネは、着実にスイーツの〝王道〟を歩んでいる。

（広岡磨璃　2011年11月30日）

軽い食感でも、食べ応えがあるクローネ。あずきあんは和菓子好きの濵田秀世さんのアイデアから生まれた＝神戸市中央区三宮町2、ケーニヒスクローネ「ポチの家」

ケーニヒスクローネ／和洋菓子を製造・販売。兵庫県内を中心とする路面店と、東京、九州など全国の百貨店に計41店舗。2010年4月にはクローネの持ち帰り専門店「ポチの家」を開いた。ほかにクリ入りケーキ「アルテナ」も人気。従業員約1000人。

改良重ね、本場の味追求

フィナンシェ

■アンリ・シャルパンティエ

芦屋の喫茶店から始まり、今では百貨店を中心に全国展開する洋菓子ブランド「アンリ・シャルパンティエ」。不動のナンバーワン商品が、1975（昭和50）年に発売したフランス伝統の焼き菓子「フィナンシェ」だ。

砂糖、卵、バター、小麦粉といった通常の焼き菓子の材料に、アーモンドの粉末を加えるのが特長。口にすると、アーモンドの香ばしさ、バターの風味とコクが響き合う。

創業から6年後、神戸・三宮のそごう神戸店に出店した。初の百貨店進出を機に、ギフト市場に切り込む商品として投入した。当時、日本ではほとんど販売されていなかったところに目を付けた。

オーセンティック（本物）を追求し続けた創業者の故蟻田尚邦氏。パリに何度も飛んで本場の味との違いを探ったという。

アーモンドは、皮をむいた瞬間から風味が失われ始めるため、20年ほど前から皮付きのまま輸入する。米カリフォルニア州の特定の農家から購入し、国内で粉末加工している。

バターはフランスでも使われている発酵バターに2005年、切り替えた。独自のレシピで特注し、本場の味を再現する。

2010年9月にはアーモンドの品種を変更。香りが長く続くマルコナ種と味が強いフリッツ種をブレンドした。「ブランドの顔となる商品。今後も磨き続けていく」。尚邦氏の長男、蟻田剛毅社長がしっかりと志を継いでいる。（井垣和子　2012年2月1日）

看板商品のフィナンシェ。「香りの高さを楽しんでほしい」と蟻田剛毅さん＝西宮市久保町5、アッシュ・セー・クレアシオン

アンリ・シャルルパンティエ／ブランドを展開するのは「アッシュ・セー・クレアシオン」(西宮市)。社名は主力ブランド「アンリー」を冠していたが、2008年に変更した。資本金1億円。2011年度の売上高は168億円。2012年4月時点の従業員数428人。

異国情緒醸す甘い風味

ゴーフル

■**神戸凮月堂**

筒型の缶を開けると、きれいに焼き上がった直径15センチのゴーフルが現れた。取り出してそのままかぶりつくと、さくっとした食感の後、クリームのさわやかな甘みが口の中に広がった。

神戸市民におなじみの菓子は1927（昭和2）年、神戸凮月堂の創業者・吉川市三氏が考案し、発売した。もとは常連客が持ち帰ったフランスの菓子だが、生地を薄くしてクリームを挟むなど1年かけて日本人好みの味に変えた。吉川氏の孫で四代目の下村俊子さんは「ゴーフルは、戦災と阪神・淡路大震災をくぐり抜けた。平和の象徴といえるのでは」と話す。発売してすぐ、進物用の高級菓子として定着したが、戦争が始まると製造中止に追い込まれた。再開できたのは、復興が進んだ1951（昭和26）年。その後、百貨店を中心に販路は拡大。異国情緒のある神戸のイメージと重なり、〝洋風せんべい〟として販売量は伸びた。

しかし、1995年の大震災では、神戸市内の工場も半壊。生産を再開したのは約半月後。他府県に移住した被災者が、「ゴーフルを食べると故郷を思い出す」と涙を流したという。

発売当初からクリームはバニラ、ストロベリー、チョコの3種類。材料や配合は今もほとんど変わらない。一方、1966年ごろからは直径7センチのミニサイズを販売。缶のデザインも多様化した。桃の節句などの行事、記念品など限定品に力を入れた。味は伝統を守り、缶のデザインで季節感や時代をとらえる。絶え間ない努力と工夫は、平和への願いが支えている。

（末永陽子　2008年8月16日）

お土産として人気を集める神戸空港や神戸の代表的風景のデザイン缶を手にする下村俊子さん＝神戸市中央区元町通３（撮影・峰大二郎）

神戸凮月堂／1897（明治30）年創業。1917（大正6）年には神戸市内初の喫茶店を開いたといわれる。洋菓子、和菓子、喫茶店を手がけ、ゴーフルは売り上げの35％を占める。西区に2工場、東京、名古屋などに営業所を置く。2012年3月期の売上高は約100億円。社員数は約600人。

「おいしくて廉い」不変

回転焼

■御座候《ござそうろう》

湯気が立ち上る回転焼きを一口。焼きたては表面がパリパリして、ボリュームたっぷりのあんの香ばしさが鼻を抜ける。1950（昭和25）年創業の御座候（姫路市）は、ほかに例のない回転焼の全国チェーン。百貨店などに82店舗を構え、うち兵庫県外は約60店舗を占める。取締役の山口博さんは「発売当初から変わらぬ味。焼きたてのうまさは格別」と胸を張る。

社名と商品名でもある御座候とは「お買いあげ賜り、ありがたく御座候」という感謝の言葉から。「回転焼」「今川焼」など全国で呼び名は異なるが、今は「御座候」でも通じるほど知名度は高くなった。

創業者で地元出身の故山田昭二氏は品質のよさにこだわった。味を守るため多店舗化しても店頭で焼きながら売る方法は変えず、店舗は今もすべて直営。赤あんは北海道十勝産の最高級の小豆、白あんには十勝農業試験場と同社が共同開発した白インゲン豆「絹手亡」を使う。

2005年に完成した姫路市内の製あん工場は、2代目の山田実社長の方針で、ほこりなどが入りにくい最高レベルのクリーンルームを備えた。1時間当たり最大

変わらぬ味へのこだわりが愛される理由。きつね色に焼き上がった生地が食欲をそそる＝神戸市中央区小野柄通８、御座候神戸そごう店

で4トンのあんを製造、全国へ発送する。

接客指導も半端ではない。店長、新人店長、販売員などの肩書に合わせ、社員研修制度を充実。１９８０年ごろに始まった全国展開は、徹底した商品管理と社員教育という厳しい経営姿勢が支えてきた。

値段にもこだわる。他業者より2―3割は安い、1個80円。「おいしくて廉《やす》い」という創業直後からのキャッチフレーズは今も不変だ。

（三宅晃貴　２００８年８月18日）

御座候／１９５０（昭和25）年創業。百貨店などを中心に直営店のみで実演販売を展開する。製あん工場の隣に、小豆をテーマにした資料館「あずきミュージアム」が２００９年６月にオープン。従業員約３５０人。

#「控えめな甘さ」に徹し

豊助饅頭

■満月堂

「お客さんは若い人から年配の方まで幅広い。中には、2代、3代にわたる人もいます」

約130年前、有馬温泉へ向かう人たちに休憩のときに食べてもらおうと売り出した「豊助饅頭《とよすけまんじゅう》」。製造販売する満月堂（神戸市北区）は現在も、神戸市北区淡河町のほぼ同じ場所で営業を続け、彼岸など多い日には約1万5000個をつくる。

創業者の名を付けた名物饅頭を今に伝えるのは、5代目社長の吉村研一さんだ。

中のこしあんが、白い薄皮の所々から見える田舎饅頭。しかし、普通の饅頭と異なり「喉ごしがよく、あっさりした控えめな甘さが特徴」と強調する。

時代とともに、好まれる「甘さ」は少しずつ変わる。その中で「控えめな甘さ」を追求して提供することに、5代にわたり徹してきた。

世間で糖分を控える傾向が強まり、約10年前に豊助饅頭が「甘くなった」という意見が相次いだ。吉村さんは5年ほど試行錯誤し、甘さを微妙に抑えた。「自分でも分からない程度だった」。しかし、常連客の味覚は、わずかな変化を感じ取った。それから「甘くなった」との声を聞かなくなったという。

低価格も守りたい。2008年、16年ぶりに10円値上げしたが、それでも1個60円。品質を確保しつつ徐々に機械化を進めて効率化してきた。「多くの人に愛され続けるよう努力を重ねていく」。吉村さんが力を込めた。

（松井　元　2011年10月5日）

控えめな甘さで人気の豊助饅頭＝神戸市北区淡河町淡河

満月堂／1882（明治15）年創業。豊助饅頭のほか、もなか、ようかんなどを製造・販売。季節商品を含め20種類以上の菓子を扱う。資本金2000万円。2012年6月期の売上高は約1億4000万円。従業員15人。

神戸で愛される母の味

おはぎ

■ナダシンの餅

一つ食べてすぐ、もう1個を手に取っていた。子どものこぶし大で、あんの控えめな甘みといい、ふわっとした食感といい、ナダシンの餅（神戸市灘区）のおはぎは甘党ならずとも引き寄せられる。

1937（昭和12）年の創業から歴史を重ねてきた。「ナダシン、知ってる?」と尋ねるのが、神戸出身者かどうかを見分ける定番の一つだとか。

製法、販売方法とも単純明快だ。原料は国産のもち米と小豆、砂糖、塩だけ。防腐剤や人工甘味料は使わない。蒸した米に熱湯を加えた後、一晩寝かせたあんを手作業で包む。「当たり前だけど、早く食べないと硬くなるし傷む」と、3代目社長の魚田裕さん。おはぎに限らず、商品はすべて当日売り切る。

おはぎと二枚看板で、きな粉をまぶした「阿《あ》べ川《かわ》餅」をはじめ、店頭には大福餅、草餅、いちご大福など、季節に応じた色とりどりの約10種が並び、顧客は迷わず「これとこれ」とお目当ての品を選ぶ。「9割がリピーター。いつどうやって食べるかまで考えて来られるそう」。

本店を訪ねた平日昼も、性別、年齢を超えてさまざまな客層が列をつくっていた。パックの包装を見ると、一つずつ輪ゴムがかけてある。開封後に途中で食べるのをやめても、硬くなるのを遅らせる工夫という。「自分の子や孫に食べさせたいかが基準です」と魚田さん。ナダシンファンがこうして、また一人…。

（佐伯竜一　２０１２年２月８日）

※魚田裕さんは２０１２年６月28日に死去。

おはぎと、きな粉に覆われた阿べ川餅。「うちは田舎のお母さんの味。おはぎは、あん30・ご飯28のバランスです」と魚田裕さん＝神戸市灘区下河原通３

ナダシンの餅／初代の魚田一夫氏（故人）が『灘』で『新』しいことを」と命名。おはぎは１個60円。本店と甲南店（東灘区）のほか、県内の一部百貨店や駅売店でも扱う。１日平均で約１万個を販売。２０１２年６月期の売上高約１億８８００万円。従業員約30人。

手焼き貫き、できたてを

高砂きんつば

■本高砂屋

しっとりと弾力のある薄皮が、品のいい甘さの粒あんを包み込む。本高砂屋（神戸市東灘区）の代表商品で、四角い形が特徴の「高砂きんつば」。

創業者の杉田太吉氏が1877（明治10）年に神戸・元町に本高砂屋の前身となる紅花堂を設立。「どこにもない菓子を作りたい」と1897（同30）年、丸形の江戸きんつばを改良して、生み出した。皮を薄くし、粒あんの量を増やしてあんの味を引き立てたことで、人気を呼んだ。

当初はこってりとした甘さで現在の約1・5倍の大きさだった。その後、少しずつ甘みを抑え、小型に。ただ、製法や徹底した素材へのこだわりは当初のまま。小豆は国産、小麦粉はきんつば用にブレンドした「金砂御明神《きんさごおんみょうじん》」を使う。

現在、高砂きんつばを扱う店舗は神戸を中心に4店。「できたてを提供したい」と実演販売だけだ。

角形に切った粒あんの1面1面に小麦粉をつけて鉄板で焼く。人件費など考えると効率的ではない。職人として6年間、実演販売した広報担当の芝賢治さんは「おいしく作るには手焼きが最適」と話す。

消費期限は翌日までだが、神戸土産として不動の人気を誇る。神戸・元町の元町本店では1日約1200個ペースで売れるという。

いい素材をいかにおいしく食べてもらうか。菓子作りへの意気込みが、きんつばには詰まっている。

（貝原加奈　2010年4月6日）

実演販売のみ。焼きたてのおいしさにこだわり続ける本高砂屋のきんつば＝神戸市中央区元町通3

本高砂屋／現在、本店のある神戸・元町で創業。当時は「紅花堂」で、1884（明治17）年から現在の屋号に。和菓子、洋菓子とも幅広く取り扱う。「きんつば」の名は、刀の「つば」が由来。値段は1個158円。資本金5808万円。社員数310人。

灘の銘酒、焼き印で紹介

樽形煎餅

■虎屋吉末

有名洋菓子店がひしめく神戸・御影。その地で約200年間、愛され続けている和菓子がある。江戸時代に創業した和菓子店「虎屋吉末」(東灘区)の樽形《たるがた》煎餅だ。

菊正宗、白鶴、白鹿…。酒樽の形をした煎餅に押された焼き印は、灘五郷の銘酒ラベル。一見、瓦煎餅に似ているが、「歴史は樽形の方が古い」と、7代目当主の萬田《まんた》博一さん。店は創業当初から「御影郷」の中心に立地。初代当主が神戸ならではの商品として発案したという。

基本の材料は卵、小麦粉、砂糖。材料も配合もほとんど変えていない。瓦煎餅より卵が多く、ソフトな口当たりと絶妙な焼き加減による香ばしさが特徴だ。

日本酒の焼きごてはかつて50種類あったが、酒造会社の廃業に伴い現在は30種類にまで減少。焼酎やワインなどに押され、日本酒の消費量は右肩下がりが続く。萬田さんは「阪神・淡路大震災以降、廃業を伝えに来る酒造会社が増えた。押せないこてが増えるのは寂しい」と表情を曇らせる。

「継ぐ気はなかった」と話す長男の悠介さんは震災後に和菓子職人を目指し

た。「洋菓子ブームのさなかだったが、周辺の古い酒蔵が再建する中、長年続くのれんを守りたいと強く思った」。

鉄製の型を使って焼き上げられ、最後に焼きごてを押す。封を切ると、甘くて香ばしいにおいが漂う＝神戸市東灘区御影本町4

萬田さんは「この街は酒造とともにあった。応援する意味でも作り続けたい」と語る。親子の地場産業への強い思いが、素朴な味を守る原動力となっている。

（末永陽子　2011年6月8日）

虎屋吉末／1801（享和元）年創業。商品は、店舗か近くの酒造会社の記念館などで販売。阪神・淡路大震災で店は全壊したが、一部損壊した看板は今も店に飾っている。近年はドライフルーツなどを使った新商品開発にも意欲的。

かむほどに、素朴な味

鶯ボール

■植垣米菓

ポンポンポンポンポンはじけてる♪　カリッカリッカリッはじけてる♪

関西出身の中高年には、なじみのあるCMソングだろう。昭和40年代に放映されたCMは、最後に流れる「ホーホケキョ」の鳴き声が話題を呼んだ。

1930（昭和5）年に発売。甘辛い味に仕上げたボール状のあられは、口に入れた最初こそ軽い食感だが、かむほどに粘り気が出てくる。「商品名から優雅な味を想像するかもしれません。でも味は、いたって素朴。それが80年売れ続ける理由です」と、植垣清貴社長が胸を張る。

開発のきっかけは、知人の助言だった。もちに小麦粉をつけて揚げると、あられと、かりんとうが混ざったような味になる。当初は揚げる音や形状から「爆弾ボール」「肉弾ボール」の名で売られた。終戦後、戦争を思い出させるという理由で商品名を変更。形が梅の花に似ていたため、ウグイスへの連想から現在の商品名となった。

素朴な味を生み出す材料も実にシンプルだ。もち米、小麦粉、油、塩、砂糖の5種類が基本。レシピもほとんど変わっていない。しかし「湿気や温度などで味が変わるため、天気や季節によって微妙な調整が必要」。会社では社長自ら毎朝味見をして採点する。

「兵庫で知らない人はいないだろう。兵庫の特産として全国に広めたい」。不変の味は、全国の誰もが知る「普遍の味」への進化を目指す。

（末永陽子　2011年3月8日）

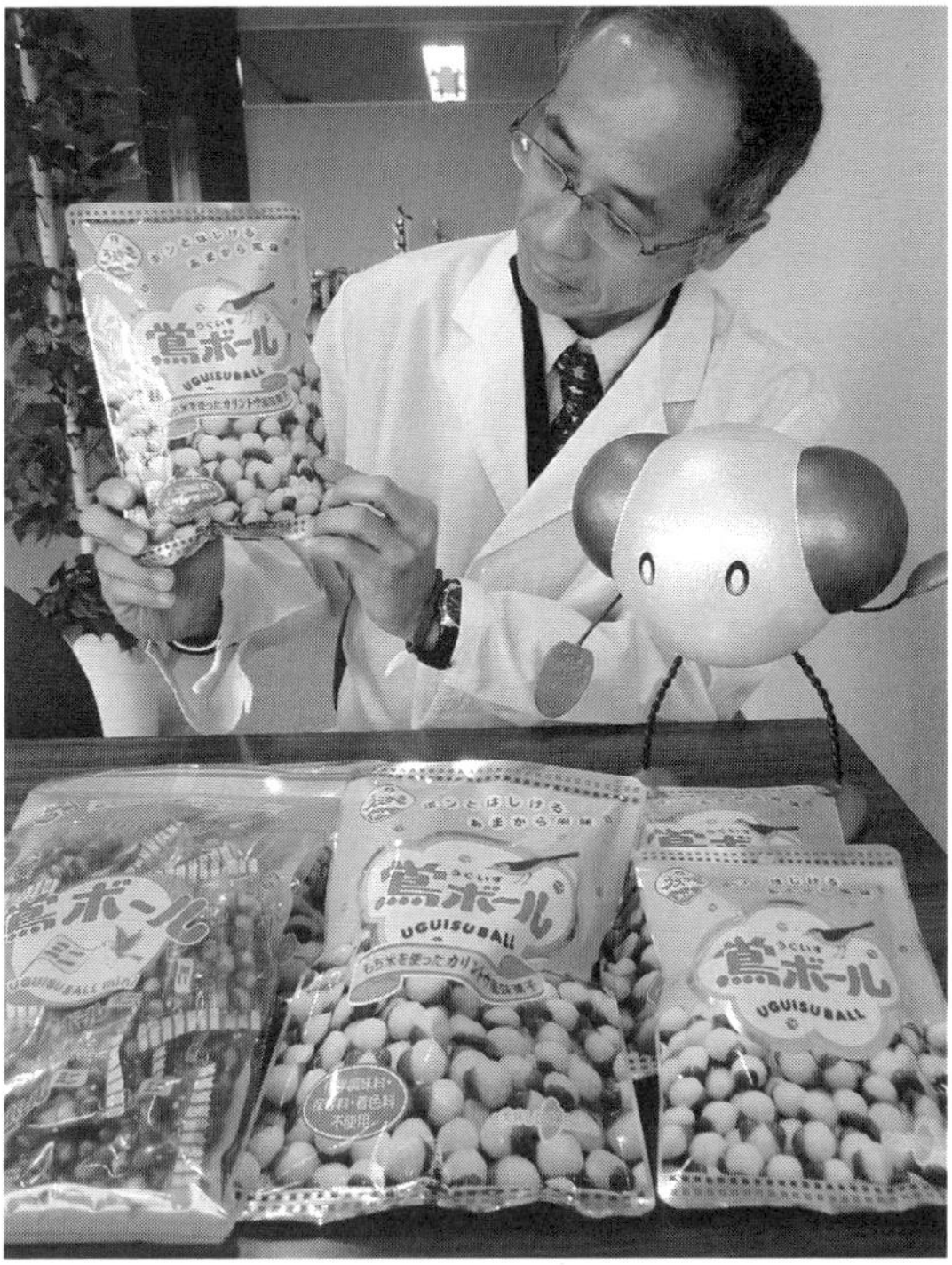

2011年2月にはきな粉味も発売された。今後さらに新しい味を開発する予定だ＝加古川市平岡町高畑

植垣米菓／1907（明治40）年創業。神戸市長田区の本社は阪神・淡路大震災で被災。同区の工場と明石市にあった工場を加古川市に集約・移転した。全60商品のうち「鶯ボール」の売り上げは3～4割。九州や東北でも一部販売されているが、8割が関西で売れるという。社員数45人。

懐かしの味、老若男女に
麦チョコ

■高岡食品工業

子どものおやつ、登山や運動中の糖分補給に、また洋酒のおつまみとしても、欠かせないチョコレート。専業メーカー、高岡食品工業（尼崎市）の製品は、麦チョコなど、昔懐かしい品ぞろえが特徴だ。高岡和子会長は「原材料の配合次第で、口溶けや苦味・甘味が変わり、老若男女が楽しめる」と魅力を語る。

同社は1948（昭和23）年、高岡会長の夫、故康博さんが、実家の菓子問屋を母体に設立。終戦直後、米兵にチョコをせがむ子どもを見て、「安くておいしいものを食べさせたい」と思ったのがきっかけだった。カカオ豆の焙煎《ばいせん》から一貫生産できる装置を思い切って購入し、本格製造に乗り出した。

大手製菓会社向けにOEM（相手先ブランドによる生産）供給する一方、自社商品も展開。そんな中、夏場にも売れる新機軸として試作したのが、知人に薦められた麦チョコだった。

油脂分の多い通常品では「麦同士がおだんごみたいにくっついた」。そこで、チョコで覆った麦が1粒ずつばらけるように、温度管理や油脂分の含有量を工夫し、1970年代にようやく商品化した。

値段は当時と変わらず1袋30円だ。麦チョコのほか、当たり付きや1個5円の製品が、今も駄菓子店などでロングセラーという。

一方、ウイスキーブームでチョコ需要が拡大。高岡会長は「酒の量販店も販売するようになり、商社を通じて海外でも売れるようになった」と笑顔を見せる。

（段　貴則　2010年9月21日）

「2010年の営業キャッチコピーは『おいしさ愛』」と話す高岡和子さん＝尼崎市東本町4

高岡食品工業／1877（明治10）年、菓子問屋として創業。その後小売りにも進出し、1948（昭和23）年に法人化。1953年から本格的にチョコレートの製造を始めた。資本金8400万円。「タカオカ」ブランドで展開している。2011年9月期の売上高は19億9300万円。従業員数は約70人。

口溶けの良さでブーム

生チョコ

■フーケ

チョコレート、キャラメル、カステラ…。近年、洋菓子業界で広がった〝生〟ブームにあって、老舗洋菓子店フーケ（神戸市須磨区）の生チョコは35年以上の歴史を誇る。今もバレンタインデーの売り上げの半分を占める人気商品だ。

１９７０（昭和45）年の創業後間もないころ、同じ市内の個人洋菓子店２店と専用の化粧箱を共同購入したのが始まり。社長の上野庄一郎さんは「これまでにない口溶けの良さで、トリュフに似せたチョコを」と挑み、チョコレートと生クリームの配合を試行錯誤した。「こんなチョコ初めて」と当時、神戸っ子の感動を呼び、百貨店のバレンタイン商戦では上位に躍り出た。

今は機械化されたが、ピークの20年ほど前は手づくり。温度管理が特に厳しい商品だけに、最大で60人近くいた職人たちが「真冬に氷水に手をつけながら徹夜で作業した」と振り返る。

２店は廃業し、ブームを機に大手がこぞって参入した今、「神戸生まれの『元祖生チョコ』」との自負がある。「生クリームの水分をうまく残すことがおいしさの秘訣」と上野さん。練って空気を混ぜて口当たりをより軽くする。賞味期限が短くデリケートな商品だが、全国から注文が寄せられている。

材料を厳選し、余計なものは入れず、とことんまで追求する。そんな流儀の先に「新しいものを生み出すのが楽しみ」という上野さんの遊び心が伝わってきた。

（石沢菜々子　２０１１年７月27日）

生チョコを手にする上野庄一郎さん。「ブランデーとよく合いますよ」＝神戸市中央区下山手通２

フーケ／カフェを併設する神戸市中央区の「エスプリ・ドゥ・フーケ」をはじめ、同市内を中心に７店舗を展開。２０１１年８月期の売上高は９億円。従業員数１６０人。生チョコは小（６個入り）６３０円、大（12個入り）１１５５円。フリーダイヤル０１２０・３２７・７８０

手軽でヘルシーと支持

即席焼ビーフン

■ケンミン食品

とある中華料理店。焼ビーフンを食べたカウンターの客が「な、これケンミンちゃうやろ」としつこく質問する。俳優・岸部一徳さん演じる店主がたまりかねて「ケンミン、ケンミン、ケンミンてうるさいな。何回もケンミン、ケンミン言うなぁっ！」。直近のテレビCMも衝撃度抜群だ。「CMでビーフンの存在を知った人も多いそう」と、ケンミン食品（神戸市中央区）の金子眞理子マーケティング部長。

インディカ米を粉にして蒸し、ところてんのように押し出して作るビーフン。アジアで汁につけて食べられることが多い中、日本での浸透度はいま一つだった。そこで1960（昭和35）年、台湾出身の創業者・高村健民氏が食べ方の提案を兼ね、しょうゆベースの味つけで売り出したのが「即席焼ビーフン」だった。

作り方は簡単。フライパンに油を引き、豚肉を並べてビーフンを投入。野菜を載せて蒸し焼きにすれば完成する。ノンフライで冷蔵庫の野菜などで調理できる点から「手軽でヘルシー」と若い女性を中心に幅広い世代に支持を広げた。

発売から50年以上。時代に合わせて味わいの改良を繰り返し、売り上げはこの

10年でも約2割増。国内のビーフン市場の約7割は同社製品が占めるという。それでも「まだ食べたことのない人が多い。新しい食べ方の提案などできることはあるはず」と金子部長。ＣＭが伝えるサービス精神で、全国区の知名度に磨きをかける。

（佐伯竜一　２０１０年４月13日）

発売から50年を超えた「即席焼ビーフン」。蒸して調理しながら「焼いた感じの香ばしさを味わってもらえるのが自慢」＝神戸市中央区海岸通５

ケンミン食品／１９５０（昭和25）年に神戸で創業。初期は近くの中華料理店に生ビーフンを卸した。乾めんの量産体制を整えてからは、かつて台湾で暮らした人が多い九州などを中心に人気を得た。２０１２年２月期の売上高は約69億円。従業員約１９０人。

独自製法、風味で半世紀

チャンポンめん

■イトメン

次々と新商品が生まれ、淘汰の激しい即席めん業界でイトメン（たつの市）の「チャンポンめん」は半世紀近く愛され続けている。袋入り即席めんでは珍しいエビとシイタケのかやく付き。独特の香りが、あっさりした塩味のスープを引き立てる。そこへ「いろんな具材を入れたらええ」。商品名の由来だ。

１９６３（昭和38）年に発売された。時代は大手の即席ラーメンが商品化されるなど「即席めんの勃興期」（同社）。かやく付きの競合品がなかったこともあり、すぐにヒットした。

だが、即席めんの普及とともに、国が「日本人の食塩の取り過ぎ」を指摘。そこで、同社は１９８０（昭和55）年にめんに食塩を加えない無塩製麺法を開発した。通常は食塩で小麦粉の粘りを出すが、塩を使わず、水を増やし時間をかけてこねることで約20％の減塩に成功した。

県内では播州、その他に名古屋、北陸、九州南部、タヒチなどに販売エリアがある。販売していない地域から「子どものころ食べた味だから」と注文が入る。

年間２０００万食。今も売り上げの約３割を占める主力商品だ。「１年も持たない商品が多い中で、ありがたい」と伊藤哲郎会長。兵庫県乾麺協同組合理事長でもある伊藤会長は、組合の加盟企業が年々減っていくことに危機感を抱く。「生き残るためには、腰を据えて育てていける新商品の開発が欠かせない。中小企業ならではの小回りを強みにしたい」。

（石沢菜々子　2011年1月25日）

カップめんと袋入りの「チャンポンめん」を手にする伊藤哲郎さん。黄色のパッケージがトレードマークだ＝たつの市揖西町小神

イトメン／1945（昭和20）年4月、製粉業の農林省（当時）委託加工工場として創業。即席めんのほか、乾麺や手延べそうめんなどを手掛ける。1991年には通販会社「播州麺本舗」を設立。ネット販売にも力を入れる。資本金は6930万円、2012年3月期のグループ売上高は35億円。従業員は116人。TEL0791・63・1361

飲み干せる薄味スープ

ワンタンメン

■エースコック

黄色い細麺の中に、もちっとしたワンタンの皮がアクセント。ほんのり香る薄味のスープは、塩でもしょうゆ味でもなく独特のタンメン味だ。２０１３年、発売50周年を迎えるエースコック（大阪府吹田市）のワンタンメンは「売り上げの85％が関西に集中しています」と、大阪支店長の大矢剛史さん。全量をたつの市の兵庫工場でつくる。

誕生は即席麺の黎明期。ある社員が「幅の異なる麺をまぜたら、変わった食感が楽しめる」と、ワンタンの皮入りを発案した。そうめんづくりに携わったことのある開発員が歯触り、のど越しなど研究を重ねた。

スープはタマネギやニンニク、さんしょうなどを試したが、決め手に欠けていた。苦心の末、担当者が行き着いたのがマツタケの香り。調合して社長に出すとそれまでの厳しい顔が一転、「これは面白い味だぞ」。１９６３（昭和38）年、発売にこぎ着けた。

オレンジ色の袋に、赤い文字の商品名。子豚のコックの愛らしいマークが目を引く。「♪ブタブタコブタ　おなかがすいた」のＣＭソングも評判になり、見る間に業界の定番に育った。

半世紀の間、味付けはほぼ不変。野菜と合わせやすい点が健康志向に合い、年３０００万食ペースで売れている。大矢さん自身、少年時代から食べてきた。「他にない飽きない味。これだけ食べてまだ飲み干したいスープって、なかなかないでしょ」。一ファンの顔で笑った。

（佐伯竜一　2012年6月6日）

エースコックのワンタンメンと大矢剛史さんは同い年。「うちも含め、3世代でひいきという家庭も多いようです」＝大阪府吹田市江坂町１

エースコック／１９４８（昭和23）年、村岡寛現社長の父慶二氏（故人）が、大阪でパンの製造販売を始めた。１９５９（同34）年から即席麺を手掛け、１９６４年に現社名。スープはるさめなどをヒットさせ、ベトナムでも本格展開する。２０１１年12月期の売上高８９０億円。従業員数約６８０人。

日本初のパスタは太め
ボルカノスパゲッチ
■**日本製麻**

「日本最古のスパゲッチ・マカロニメーカー」。日本製麻（神戸市中央区）ボルカノ食品事業部のこだわりだ。

前身は、1928（昭和3）年に創業した「高橋マカロニ製造所」。現・県立尼崎青少年創造劇場「ピッコロシアター」（尼崎市南塚口町3）の敷地の一角にあり、イタリアから導入した技術でホテルやレストラン向けに商業生産した。

製品名の「ボルカノ」は、イタリア語で火山を意味する。同事業部の澤野正本部長は「当時のイタリアで原料の小麦を運搬する小舟がこう呼ばれていたことから取ったらしい」と話す。1970（昭和45）年、日本製麻が事業を引き継いだ。加古川工場を経て、1993年、豊富な自然水を求めて富山県砺波市に工場を移した。

直径2・2ミリの業務用は創業時から。主流の1ミリ台のパスタに比べ、圧倒的に太い。澤野本部長は「もちもちした歯ごたえと、うどんにも通じるのどごしで、日本人好みの食感。ナポリタン、ミートソース、あんかけスパなどに固定的な需要がある」と話す。顧客向けの見積書類などの表記は今も、昔ながらの「スパゲッチ」で通している。
同社によると、２０１０年の国内パスタ市場は業務用と家庭用を合わせて約28万トンで、国産はその６割弱。ボルカノは、シェアでは大手に及ばないが、家庭用めんやレトルトソース類にも力を入れるなど、幅広い品ぞろえで消費者に訴える。

（内田尚典　２０１０年10月５日）

2010年発売の家庭用の製品など、品ぞろえを増やしたボルカノスパゲッチ＝神戸市中央区海岸通

日本製麻／１９４７（昭和22）年設立の産業資材製造・販売会社。東証２部上場。食品事業は、２０１２年３月期の売上高が２０億８１００万円で連結売上高全体の約４割だった。フランチャイズ10カ所のレストランがある。

コシ強く、細くしなやか

揖保乃糸

■兵庫県手延素麺協同組合

「♪そうめんやっぱり揖保乃糸♪」。テレビCMでおなじみの兵庫県手延素麺《そうめん》協同組合（たつの市）のブランド「揖保乃糸」。白糸のように細い麺は、つるりとした食感とコシの強さを併せ持つ。

兵庫県太子町にある斑鳩寺の古文書には「サウメン」の記述があり、600年近く前から作られていたとされる。江戸期には龍野藩が奨励したことから生産が本格化し、1887（明治20）年に地元で組合が設立され、今では手延素麺では全国一の生産量を誇る。

播磨が一大産地に発展したのは、「揖保川の恵みがあったからこそ」と同組合の井上猛理事長。鉄分が少ない軟水で酸化しにくいため、麺は白く仕上がる。かつて流域は原料の小麦の栽培が盛んで、川には小麦をひく水車が100カ所ほどもあったという。

生産時期は10～4月の約半年間。高温多湿な夏場では乾燥作業が難しいからだという。小麦粉に塩、水を合わせて生地を作り、幅10センチ、厚さ5センチの帯にする。これを何度も延ばし、特級品では0・65～0・7ミリにまで細くする。

2000年、出荷した商品にカビが発

生していた問題を受けて、２００３、０６年に品質管理倉庫を順次整備。生産履歴をコンピューター管理できるシステムを導入した。「伝統的な食文化を受け継ぎ、どう向上させるか。やるべきことはたくさんある」と井上理事長。地域ブランドに磨きをかける覚悟だ。

（井垣和子　２０１２年４月18日）

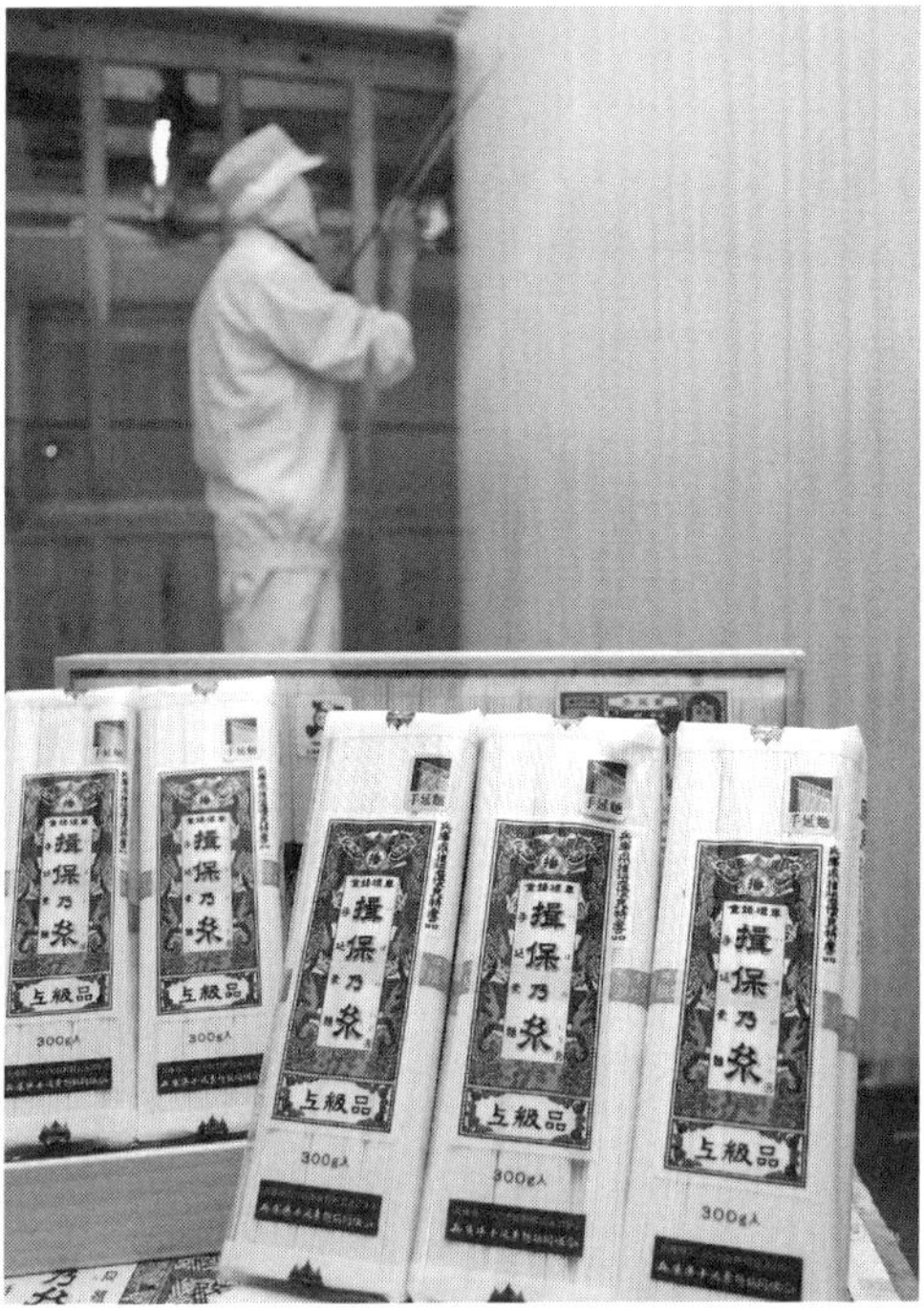

職人が手作業で細く仕上げる。手延素麺トップシェアの「揖保乃糸」＝宍粟市山崎町

揖保乃糸／姫路市、たつの市、宍粟市、太子町、佐用町の469業者（２０１１年８月現在）が生産。県手延素麺協同組合はブランド管理や原材料の共同調達、品質検査、卸販売を担う。出資金１５億５４３７万円。２０１１年８月期の売上高１６５億円、生産量２万１０００トン。

南京町だけの3代の味

豚まんじゅう

■老祥記

神戸・南京町。絶えず行列のできる「豚まん」の店がある。1915(大正4)年に開業した「老祥記《ろうしょうき》」で、全国初の豚まんじゅう専門店とされる。

3代目店長の曹英生《そうえいせい》さんが店に出るようになって約30年。「売れ残ったことは一度もない」という。週末に店の前にできる長蛇の列は、いまや南京町の名物の一つ。平日で1日1万3000個、土日は1万5000個を売り上げる盛況ぶりだ。

祖父の松琪《しょうき》さんが中国の「天津包子《パオツー》」を基にした小ぶりな豚まんを売り出したのが始まり。今も受け継ぐ麹で自然発酵させた皮は弾力があり、日本酒のような香りがする。具は豚バラ肉のミンチと、しょうゆで味付けしたネギというシンプルなもの。もちもちとした食感と懐かしさを感じる味だ。

販売は店頭のみで、予約も受け付けない。百貨店などからの常設出店の依頼もすべて断り、南京町だけで販売し続ける。創業以来変わらぬ味と、地域限定のこだわりが、多くの人を引きつけてきた。

「いつも土俵際を感じながら、足元を確かめながら、商売しなさい」。父で2

いつでも蒸したてが味わえる老祥記の豚まん＝神戸市中央区元町通2

代目の穂昇《ほしょう》さんの言葉だ。

「中華街の外に支店を出して目が行き届かなくなるよりも、確実においしいものを提供したい。引き継がれてきた味を守ることが自分の役目」と話す英生さん。

一見、時代に逆行するような経営姿勢が、伝承される商売を支えている。

（貝原加奈　2010年1月19日）

※曹穂昇さんは2011年11月に死去。

老祥記／屋号は初代の名前から名付けた。1個90円、3個より販売。月曜定休。午前10時～午後6時半（売り切れ次第終了）。北隣に雑貨店「月龍（ムーンドラゴン）」、斜め向かいにはシイタケ入りの豚まん専門店「曹家包子館」がある。従業員15人。

素材生かした商品開発

煮豆シリーズ

■小倉屋柳本

甘さ控えめの煮豆を1976（昭和51）年に発売した。「業界初」をうたう小倉屋柳本（神戸市東灘区）の煮豆シリーズは、健康志向の高まりとともに存在感を増している。ブランドは「マルヤナギ」だ。

当時、煮豆は東京のメーカーから仕入れ、自社製のつくだ煮と一緒に販売していた。自社開発のきっかけは「甘くない豆がほしい」という顧客の要望だった。

当時は保存性を高めるため糖度が60％以上必要だった。0度前後のチルド流通がない時代。糖度を抑えた煮豆は菌の増殖をいかに抑えるかが課題となった。

ヒントになったのが当時出回り始めていたレトルト食品。袋詰め後に熱して殺菌する方法を参考に手順を逆転させた。それまで豆を炊き上げてから袋詰めしていたが、袋に豆と調味料を詰めてから炊く――というふうに改良したのだ。

糖度も27％にまで大幅に低減。製造機械もメーカーと共同開発した。こうした製品開発に積極的な姿勢が、同業者らの煮豆参入を促したという。

今も豆事業は「進化」を続けている。2004年に「蒸し豆シリーズ」を発売。

蒸し豆市場の拡大のきっかけとなり、現在ではシェアは9割近くを占める。「蒸すと味と栄養がそのまま閉じ込められる。素材がおいしさの原動力。契約農家と一緒に栽培研究も進めている」と柳本一郎社長。素材を磨き上げるための努力に惜しみはない。

（井垣和子　2011年5月18日）

素材の味を生かした「煮豆」と「蒸し豆」。甘さ控えめが特徴だ＝神戸市東灘区御影塚町4

小倉屋柳本／1951（昭和26）年、現社長の父、柳本一夫氏（現会長）がつくだ煮製造の小倉屋ののれん分けで創業。煮豆のほか、つくだ煮や総菜を製造。大豆は9割以上が国産。契約農家から仕入れを増やしている。2012年7月期の売上高は約94億円。従業員数493人。

家庭料理の定番、進化中

神戸コロッケ

■ロック・フィールド

「神戸」を冠した食品ブランドの定番。一度食べると、衣のサクサクとした食感が忘れられない。

展開するのは、総菜メーカーのロック・フィールド（神戸市東灘区）。1989年、神戸・南京町の1号店開店を皮切りに、一気に全国に店舗網を広げた。コロッケ販売は冷凍食品が主流だった時代に、厳選した素材と店頭で揚げたてを出す独自路線が受けた。

しかし人気ブランド誕生の裏には、苦い失敗があった。1988（昭和63）年、本社工場から基準値を上回る汚水を流出させてしまい、警察が摘発。事件は大きく報道され、予定していた上場も中止に追い込まれた。「定番料理のど迫力でヒット商品を作ろうと思った」と岩田弘三社長。会社の再起を懸けた挑戦だった。

失敗を生かし、品質管理と環境への配慮を徹底した。ブランドを立ち上げた翌年から、北海道のジャガイモ農家と契約し、できるだけ農薬を使わない栽培を依頼。芽取り作業や皮むきは他社に任せず、自社工場での作業にこだわる。

イモの貯蔵方法も独特だ。大型コンテナに北海道の雪を詰め込み、倉庫の壁際に積み上げる。電気使用量が少なく、コストも下がるという。

神戸コロッケだけで4000を超えるレシピを開発した。「これまでは昔懐かしい雰囲気でブランド展開してきた。今は洗練されたイメージに転換している」。家庭料理の定番の進化は続く。

（井垣和子　2011年11月2日）

「神戸ブランドにふさわしい商品をどんどん作りたい」と、神戸コロッケを手にする岩田弘三さん＝神戸市東灘区魚崎浜町

ロック・フィールド／1972（昭和47）年設立。1991年に大証新2部、2000年に東証1部にそれぞれ上場した。静岡と神戸の工場で1日10万個を生産する。2012年4月期の売上高は491億5800万円。うち神戸コロッケは全国51店舗で38億2800万円。2012年8月時点の従業員数は844人。

「本物に近い味」追求

かに風味かまぼこ

■ヤマサ蒲鉾

緑豊かな山間部で、その〝海の幸〟はつくられていた。練り製品大手のヤマサ蒲鉾《かまぼこ》（姫路市）のかに風味かまぼこ。口に含むとすぐに身がほぐれ、豊潤な食感が楽しめる「かに爪風」が特に人気だ。

敷地面積約7万8000平方メートルもある工場は山に囲まれるが、品質管理室長の黒田信行さんは「大正期の創業は沿岸部ですが、今は冷凍すり身を使うので立地は関係ない」と笑顔を見せた。

通称「かにかま」が全国的なブームになったのは1970年代。石川県の食品メーカーが開発し、競合会社もこぞって追随した。主流だったのは、繊維が縦方向に並んだカニ足タイプ。だが、ヤマサは「一番おいしい部位」とされる爪タイプを目指した。

繊維が短く細く、斜めに多層に並ぶのが特徴。従来の工程では製造できず、半年間、試行錯誤した結果、1983（昭和58）年に発売。「より本物に近い」と他社に差をつけた。夏の季節商材だったが、巻きずし用の18センチサイズや少量パック、一口大など多様化させ、年間通じて売れるようになった。

豪華な食材に憧れる気持ちから、世の

繊維を約0.6ミリまで細くした商品が人気。工場では見学やイベントも積極的に行い、年間3万5000人以上が訪れる＝姫路市夢前町置本

中に広まった。黒田さんは「本物と食べ比べると味は違う」と苦笑する一方、「原料はほぼ不変だが、技術力を上げ、形を変え、進化してきた」と胸を張る。

今や代替品の域を超越した「かにかま」。本物への追求心が、独自の地歩を築き上げている。（末永陽子　２０１１年９月14日）

ヤマサ蒲鉾／１９１６（大正５）年創業。１９８４（昭和59）年に現在地に工場を建設し、その後本社事務所なども移転。かに風味かまぼこは年間売上高の約４割を占める主力商品。最近では、食べ物をうまくのみ込めない人向けの嚥下（えんげ）食メニューとしても注目される。従業員数は約５００人。

味と食感、変わらぬ人気

野菜フライ

■カネテツデリカフーズ

魚のすり身とタマネギのうま味、コショウの辛味がクセになる。温めて食卓に、冷めてもお弁当にといけるから、冷蔵庫に常備している家庭も多いのでは。

「冷蔵庫から出してそのまま食べる人が多い。関東ではなじまないのか、売り上げの9割は近畿」と、カネテツデリカフーズ（神戸市東灘区）の顧問で元六甲工場長の原田秀一さん。

発売年の記録がない。が、原田さんが入社した1969（昭和44）年には看板商品だったというから、もう半世紀は支持されている。調理の手間を減らし、当時は珍しかった洋食を思わせる味わいに仕上げた。

スケソウダラなどのすり身を、塩や砂糖で味を付けながらペースト状に。白コショウやタマネギ、キャベツと合わせる際に石臼を使うことで、野菜の歯ごたえを残し風味を引き出すという。パン粉を付けてカラッと揚げる。コロッケなどと違い、中身が魚肉のすり身なので、冷めてもパサつかず、オーブンなどで温めるとサクッとした衣の食感がよみがえる。

年間で800万パックが売れていく。

原田さんらはかつて、油がしみ出さな

いようにと、パン粉の前に、水溶きの小麦粉をまぶしたことがある。しかし「モゴモゴする」と苦情が相次ぎ、すぐにやめた。

原田さんは「この味、食感を考えた先輩はすごい。お客に育ててもらった味でもあり、下手な手を加えてはいけないんです。大切にしないとね」。

（佐伯竜一　2012年8月29日）

「『丼やカレーに使ってみたよ』『サンドイッチにもおいしい』とお客さんが教えてくれる」と、原田秀一さん＝神戸市東灘区向洋町西５

カネテツデリカフーズ／１９２６（大正15）年創業。かまぼこ、揚げ物、ちくわ、かにかまぼこを製造。本社工場とも神戸・六甲アイランド。野菜フライは２枚入りで１８０円。キャラクター「てっちゃん」は、幼少時の２代目社長がモデルとか。２０１１年９月期の売上高は約１１２億円。約４１０人。

神戸の味、牛肉を駅弁で

肉めし

■淡路屋

ＪＲ山陽新幹線の新神戸駅。出張に向かう30代の男性会社員が買ったのは、淡路屋（神戸市東灘区）の「肉めし」。「昔、父親が出張のたびに食べていた。今では自分の定番です」と、教えてくれた。

駅弁の発祥地は諸説あるが、同社によると、１８７７（明治10）年に販売された神戸駅もその一つ。肉めしは１９６５（昭和40）年発売だが、「まさに、神戸駅弁の代表です」と、柳本雄基営業課長は胸を張る。

ふたを開けると、面積の３分の2を覆い尽くす薄もも肉にまず目を奪われ、つばを飲む。甘辛いたれがかかった柔らかい肉と、カレー風味のご飯はこの上ない相性。冷めてもおいしい。

誕生の経緯や当時の外見などは資料が残っていないが、ご飯は発売当初、牛乳で炊いた。その後、肉のスープとひき肉、調味料で炊飯し、２０００年ごろからは現在の黄色いサフランライスになった。3種類の副菜も、時代に応じて変わっている。

一方、肉の味つけはほとんど変わっていない。国産牛肉のもも肉を香辛料に7時間漬け込み、特製のたれを含ませて軟らかく焼き上げる。脇役は変わっても、主役は当時のまま。それが長年、支持され続けるゆえんのようだ。

「神戸といえば、肉」と、肉めしを買う旅行者も多い。開港とともに神戸に広まった牛肉を食す慣習。肉めしは、神戸の出張マンの胃袋を支え、旅人に神戸文化を届けている。（末永陽子　２０１０年９月14日）

旅行者のほか、神戸出身の会社員に人気。多いときで1日約150個売れる＝神戸市中央区加納町１、JR新神戸駅

淡路屋／１９０３（明治36）年創業。商品が多角化する10年ほど前まで、肉めしは同社売上高の大半を占めていたが、現在は神戸牛のステーキ弁当なども人気。１個１０００円。西明石駅などでも販売している。２０１１年12月期の売上高２８億２６００万円。従業員数約２００人。

朝でもさっと栄養補給

ミロ

■ネスレ日本

朝の忙しい時間帯でも、さっと牛乳に溶かして栄養補給できる。冬にはホットミルクと混ぜ、チョコレートの香りを楽しみながら冷えた体を温める。子どもたちを中心に愛され続けている、ネスレ日本（神戸市中央区）の麦芽飲料「ネスレミロ」。

栄養たっぷりの子ども向け飲料として、1934（昭和9）年にオーストラリアで開発された。大麦を発芽させた麦芽が主原料で、カルシウム、鉄、ビタミンAなど7種類の栄養素やココアを加えている。粉末状で、牛乳に溶かして飲む。さっぱりした甘みとチョコレートの香りが特徴だ。

今では30カ国以上で販売している。子どもの好みに合わせて国ごとに味を少しずつ変えており、日本で販売している商品は甘さを控えめにしているという。

2009年には、日本での発売36（ミロ）周年という語呂合わせで、販売促進活動を強化した。ミロの製品キャラクター「ミロマン」を制作。子どもたちが軽快なダンスを披露するテレビコマーシャルも作り、テーマ音楽はCDで売り出した。

甘さ控えめでさらにチョコレートの香りが強調されたミロ＝神戸市中央区御幸通7

こうした販促活動が奏功し、２００９年度の販売量は５年前より３割も増えた。キャンペーンでミロのおいしさを思いだし、自分の子どもに与えるようになった人も多いという。

同社飲料ビジネス部の毛利美夏部長は「これからも子どもたちから愛される商品として、守り続けたい」と話している。

（三宅晃貴　２０１０年６月１日）

ネスレ日本／スイスに本部がある世界的食品メーカー・ネスレの完全子会社。１９３３（昭和８）年設立。コーヒー製品や代表的な菓子「キットカット」などが主力で、最近はペットフード事業や食育にも力を入れている。社員数はグループ企業を含め約２４００人。

ルーツは川西の名水

三ツ矢サイダー

■アサヒ飲料

すっきりとしたのどごしが世代を超えて愛され続けている。明治期に兵庫県で生まれ、現在も県内で生産されているアサヒ飲料（東京）の看板商品「三ツ矢サイダー」。２０１３年で生誕１３０年目になるロングセラー商品だ。

ルーツは川西市平野。宮内省（当時）が英国の理学者に名水を調査させたところ、同地域に湧いていた炭酸性の源泉を「理想的な飲料鉱泉」と称賛。合資会社が１８８４（明治17）年、地域の豪族の姓「三ツ矢」を冠して「三ツ矢印平野《ひらの》水」として発売した。

１９０９（明治42）年に売り出した「三ツ矢シャンペンサイダー」が大好評に。その後、三ツ矢サイダーと名をかえた。昭和初期から西宮市でも製造されたが、今は明石で生産されている。

２００４年のブランド生誕１２０年を機に味をリニューアル。安全志向に対応して、味や香りの原料を果実や植物由来の素材に切り替えた。２００９年５月には、40代以上をターゲットにカロリー、糖質、保存料を「ゼロ」にした「三ツ矢サイダーオールゼロ」を発売。健康志向の男性を中心に大ヒットし、20代～30代にも広がった。

異なる味の関連商品を含めた売り上げは、２００９年まで６年連続で増加。２０１０年９月に発売したリンゴ味など７種類を展開。担当者は「『六甲のおいしい水』も神戸市で生産しており、兵庫はアサヒ飲料の西の拠点。これからも末永く愛される商品にしていきたい」としている。

（三宅晃貴　２０１０年11月９日）

明治時代からのロングセラー「三ツ矢サイダー」。年々売り上げは増加しており、世代を超えて愛されている＝大阪市中央区

アサヒ飲料／１９８２（昭和57）年にアサヒビールの清涼飲料水部門の子会社「三ツ矢フーズ」として設立。１９８７年に「アサヒビール飲料」、１９９６年に「アサヒ飲料」と社名変更。三ツ矢サイダーのほか、缶コーヒーの「ワンダ」やオレンジジュース「バヤリースオレンジ」などを製造。２０１２年12月期の連結売上高は３１０９億円。従業員数は約１２００人。

すっぱさで特性を強調

C1000 ビタミンレモン

■ハウスウェルネスフーズ

「すっぱすぎないか…」

「いや、大丈夫だ」

1991年、武田薬品工業傘下だった武田食品工業が、炭酸飲料「C1000ビタミンレモン」を発売するのを前に、開発・生産を担った伊丹市の工場では、こんな会話が繰り広げられた。

当時、体によいとされる成分を配合した「機能性飲料」が注目され始め、各メーカーが競っていた。武田は前年、ビタミンC1000ミリグラム入りの3商品を市場に投入。しかし、「レモン50個分」という触れ込みの割には売れなかった。

起死回生へ開発されたのが、市販飲料としては破格の酸味で特性を強調したビタミンレモンだった。珍しさもあり、たちまち看板商品となった。

事業再編を経て、現在はハウス食品(大阪府東大阪市)完全子会社のハウスウェルネスフーズ(伊丹市)が生産を続けている。武田時代から勤める西田勉主任研究員は「(飲料水の消費が減る)冬場も、風邪をひいたときに買い求められる」と胸を張る。

ただ、根強い需要に安住するつもりはない。2010年から2011年にかけ

C1000ビタミンレモンの現行商品を手にする西田勉さん。向かって右側が発売当初のボトル＝伊丹市鋳物師3

て、コラーゲン、クエン酸を、それぞれ１０００ミリグラム配合した二つの姉妹品を発売。商品力と品ぞろえの強化に、手抜かりはない。

「目先の販売実績に一喜一憂せず、息長く育ててきたブランド。消費者の声に応えるため、業界の常識にとらわれず挑戦し続けます」（内田尚典　２０１１年９月７日）

ハウスウェルネスフーズ／２００６年設立。２０１２年３月期の売上高は３１４億９０００万円。約３分の２を「Ｃ１０００」ブランドが占める。本社・工場は敷地面積約６万３０００平方メートルで、生産、研究開発、事務部門計約２５０人が働く。

「量より質」転換が奏功

神戸ワイン

■神戸みのりの公社

神戸市西区の神戸ワイナリー（農業公園）で醸造する「神戸ワイン」は30種類以上。いずれも神戸産のブドウのみを使い、手ごろでシンプルな「セレクト」シリーズ（720ミリリットル、1235円）は、1984年の販売当初から主力商品として鎮座している。

醸造は、市内の契約農家と連携した同市の農業振興施策としてスタート。ワインブームもあって販売量は年々増加した。1998年にはピークの約110万本（720ミリリットル換算）に達したが、その後は外国産の低価格品との競合で苦戦。このため高級品種に絞るなど量より質を重視した経営戦略の変更で、一時の苦境からは脱しつつある。

品質アップに向け、基礎的な製法でも改良を加えた。ブドウのうま味成分を生かすため、ろ過の回数を減らしたほか、繊維質などを取り除くのに必要な遠心分離器を使わず、自然沈殿に委ねて風味を損なわないようにした。消費者の意識が沈殿物の存在を良しとするように変化したことも、追い風になったという。

現在の販売量は年間約50万本。うち4割の20万本を赤、ロゼと、白2種類の計

4種類のセレクトシリーズが占める。神戸みのりの公社の西馬功・製造課長は「万人受けの飲みやすさと安定した品質で定着した」と強調。「近年は個性的で高級な商品が増強されているが、今後も神戸ワイン全体の質を上げていきたい」と話している。

（石沢菜々子　2012年1月25日）

神戸ワイン発売当初からの「セレクト」を手にする西馬功さん＝神戸市西区押部谷町

神戸みのりの公社／1979（昭和54）年、農業振興のため神戸市が設立した財団法人。2000年に現名称に。神戸ワイナリー（農業公園）ではワインを製造・販売するほか、六甲山牧場、海づり公園などを運営する。職員数は約50人。

独特の苦みで120年魅了

ラガービール

■キリンホールディングス

「もう一杯！」。きりっと冷えたビールが喉にしみわたる。最高の瞬間だ。

独特の苦みで120年以上も日本人を魅了する「キリンラガービール」。誕生は1888（明治21）年。横浜で在留外国人らが設立したジャパン・ブルワリー社が「キリンビール」の名称で発売した。

ドイツから醸造技師を招き、麦芽・ホップなどの原料、機械設備も輸入した。本格的なドイツ風ビールを目指した心意気が、今に受け継がれる重厚な味わいを生んだ。

ジャパン・ブルワリー社は1907（明治40）年、日本人経営者らに引き継がれ、麒麟麦酒が設立された。ビールの味や名称もそのまま継承された。

その11年後に、同社で2カ所目となる神崎工場（のちの尼崎工場）を建設。尼崎工場は再開発に伴って1996年に閉鎖、移転し、良質な水のある神戸市北区で神戸工場が1997年に稼働した。兵庫が関西の主力工場となり、1世紀に迫る。

日本を代表する伝統的なブランドとなったキリンビール。1980年代前半に年間出荷量が約2億ケース（1ケースは大瓶20本換算）と絶頂期を迎える。19

キリンラガーを手にする神戸工場のパッケージング担当者ら＝神戸市北区赤松台2

88（昭和63）年、社名と同じだった名称を「キリンラガービール」に変更し、商品の個性を強調した。

第三のビールの台頭などでビール市場は縮小が続くが、神戸工場パッケージング担当の佐藤出さんは「今後もより高品質で、よりおいしいビールを届けたい」と話す。

（松井　元　2012年7月25日）

キリンホールディングス／三菱財閥創業家の岩崎家や三菱合資会社、食品の明治屋関係者らが1907（明治40）年に麒麟麦酒を創立。ジャパン・ブルワリー社のビール事業を引き継いだ。2007年に持ち株会社化。2011年12月期連結売上高は約2兆円、従業員約4万人。

「どこでも手軽に」実現

ワンカップ

■大関

青地に白抜きで「ONE　CUP」の文字が躍る。日本酒好きなら誰でも知っているロゴは、1964（昭和39）年の発売時と変わらない。

大関（西宮市）がワンカップを開発した当時の日本は、戦後の貧しさから抜け出し、庶民にレジャーが広がり出したころ。「ハイキング、旅行中の列車内など、どこでも手軽に飲める酒を」という狙いは、ずばり的中。手のひらに入る180ミリリットル（一合）瓶のカップ酒は、「酒は一升瓶から器に注いで飲むもの」という常識を覆し、若者らにウケた。業界6位だった同社は、4位へ駆け上った。

程なく、他社もカップ酒に参入。大関は紙コップ、100ミリのミニボトルなど新容器で対抗。バブル後にはジャンボサイズを出して存在感を維持。圧倒的なシェアトップの座を守り続ける。

中身も「大吟醸」「しぼりたて」など種類を増やし、商品群は約30種類にもなる。しかし、今も最も売れているのは、〝原型〟の一合瓶。同社マーケティング部長の長石《ながいし》元一さんは「瓶はコップやペン立てなどに再利用できる。日常生活に入り込んだのも、売れ続ける理由では」。

大関の本社2階。2つのラインで1時間に6万本のワンカップが生み出される
＝西宮市今津出在家町（撮影・山崎　竜）

バブル崩壊を境に、日本酒市場は縮小が続く。ワンカップもピーク時の1993年には年間1億4千万本（一合瓶換算）も売れたが、最近は8千万本ほどに。しかし、長石さんは「ワンカップは健闘している」という。一合という少量サイズが、健康志向で飲み過ぎを嫌う消費者に好まれているらしい。最近は、カップ酒が若者の人気を集めているという。

一合瓶には、人を魅了する魔力がある。

（高見雄樹　2008年8月12日）

大関／1711（宝永8・正徳元）年創業で、業界4位の大手清酒メーカー。灘五郷の一つ、西宮市の今津に「寿」「恒和」の2つの蔵がある。2011年度の売上高は209億円。従業員数は2012年4月1日時点で382人。

搾りたての味を家庭でも

凍結酒

■神戸酒心館

止まらない汗をぬぐう。目の前に運ばれてきたのは、びっしり霜のついた瓶。お酒をグラスに満たすと、冷気と果実のような香りが漂う。口に含むと氷の細かい粒と米のうま味が絶妙のバランスでほどけた。

「搾りたての生原酒を凍らせる。ドライな口当たりで、かば焼きや鍋にも合います」と、神戸酒心館（神戸市東灘区）常務の久保田博信さん。

日本酒は通常、水を加えてアルコール度数を下げ、加熱殺菌してから出荷するが、蔵元では酵素が生きたままの新鮮な状態で飲める。「日本酒がこんなにおいしいとは。家でも楽しみたい」との声があり、数年をかけて氷点の異なる水とアルコールを分離させずに凍らせる技術を編み出し、１９７３（昭和48）年に本格販売した。

ただし、一度溶けると元のようには凍らないので、売れるまで冷凍が必要となる。酒販店に専用の冷凍庫を貸し出すなど苦労を重ねながら販路を広げた。「初めは珍しさ、2回目からは味わい」が評価され、リピーターは拡大。カクテルにも使われるなど、年間通しての人気商品となった。
1992年には姉妹品の「凍結梅酒」も登場。贈答用を中心に両製品で年約9万5千本を売り上げる。アルコール度数が高めなこともあってか、外国人のニーズも急増中といい、「今後はゆず酒など種類を増やすのもいいかも」と久保田さん。冷たくされるほど飲み手はますます熱を上げてしまいそうで。

（佐伯竜一　2011年8月31日）

搾りたての生原酒を凍らせた凍結酒は、アルコール17〜18度とやや高め。「どこまで溶かすかはお好みで」＝神戸市東灘区御影塚町1

神戸酒心館／阪神・淡路大震災で被災した福寿酒造などを母体に1996年に設立。清酒の主要銘柄は「福寿」。蔵の倒壊を乗り越えて1997年に醸造蔵と物販・飲食店、多目的ホールを備えた施設を開設した。凍結酒は150ミリリットル397円、300ミリリットル612円。2012年6月期の売上高は約9億5000万円。従業員数は25人。

自宅で本格的な味浸透

家庭用レギュラーコーヒー

■UCC上島珈琲

挽《ひ》きたての味と香りを自宅で――。家庭用レギュラーコーヒーを普及しようと、UCC上島珈琲（神戸市中央区）の試みは1960年代にさかのぼる。

新鮮さが大事なコーヒー豆だけに、創業来の業務用卸では喫茶店やホテルに日ごと配達していたほど。家庭用でも鮮度を保てるように、と常温保存缶を発売。1972（昭和47）年には業界で初めて真空包装の量産体制を整えた。

1980年代以降、パン食など食生活が多様化。自宅で本格的なレギュラーコーヒーを入れることが、ちょっとしたぜいたくとして徐々に浸透し、家庭用市場は業務用と並ぶまでに成長した。一杯ごとの包装など品ぞろえにも力を入れ、世界初の缶コーヒー発売で向上した知名度も追い風になった。

1977（昭和52）年発売の主力商品「ゴールドスペシャル」シリーズは今でも、スーパーや小売店などを通じた販売シェアがトップ。堀江昌平・嗜好《しこう》品開発部長は「苦味と酸味のバランスがよく、同業他社も商品開発の指標にしている」と自負する。

市場を先導する原動力は「うまいコー

ヒーを届けたいとの思いにほかならない」と堀江部長。製法にも妥協はない。

ブラジルなどから輸入する豆は、同じ品種でも粒の大きさや水分含有量が微妙に違う。毎回確かめ、単一品種ごとに焙《ばい》煎《せん》した後にブレンドすることで味の質が高まるという。「手間はかかるが、消費者の支持を裏切らないよう、こだわり続けたい」。

（内田尚典　2012年9月5日）

ショールームで商品への思い入れを語る堀江昌平さん＝神戸市中央区港島中町7

UCC上島珈琲／1933（昭和8）年創業。西日本のレギュラーコーヒーの主力生産拠点は六甲アイランド工場（神戸市東灘区）。豆の鑑定や製造ラインを見学可能（無料、要申し込み）。2012年3月期の売上高は1207億円、従業員数766人（いずれも単体）。

フェイクファーを普及

合成繊維カネカロン

■カネカ

厳しい寒さに見舞われる真冬。耳当て、マフラー、帽子、手袋…。フェイクファー（人工毛皮）の小物にお世話になる女性も多いことだろう。

「フェイクファー」の名付け親は、総合化学メーカーのカネカ（大阪市）。鐘淵化学工業として誕生して約60年。創業当初から高砂市に主力工場を構える。

その工場から、人工毛皮の原料の一つとして製造、輸出されているのが、1957（昭和32）年に開発された合成繊維「カネカロン」だ。カネカロン事業部技術グループリーダー、野口英雄さんは「人毛、獣毛に似た柔らかな触感が特徴。太さ、硬さ、長さ、本数などを変えた組み合わせ次第で200から300種の人工毛皮がつくれる」と胸を張る。

当初は縫いぐるみなどに使われていたが、1970（同45）年ごろ、米国の営業マンから「取引先が人工毛皮に使っている」との情報が入り、ミンクなど天然の毛皮構造を調べ、研究を始めた。

1980（同55）年、カネカロンで編んだものを「フェイクファー」として展示会で発表。手触りや光沢が本物に近いと評判を呼び、一気に名前が広まった。

生地メーカーに素材とノウハウを提供して普及拡大し、２０１０年は、本物の毛皮より毛抜け量が多いという欠点をカバーする加工方法も開発した。

「本物よりいいといわれるフェイク（偽物）をつくりたい」と、野口さん。社名を冠した繊維は、社を代表する世界的商品として進化し続ける。

（末永陽子　２０１２年３月７日）

カネカロンでつくられた人工毛皮。近年は動物愛護の点からも世界中で需要が伸びている＝高砂市高砂町宮前町１、カネカ高砂工業所

カネカ／１９４９（昭和24）年、旧鐘淵紡績から分離して鐘淵化学工業として設立された。２００４年から現社名。カネカロンはかつらなどにも利用されている。高砂工業所（38万坪）は甲子園球場約32倍の広さ。サプリメント「コエンザイムＱ10」なども製造する。２０１２年３月期の売上高は４６９３億円。社員数は約８０００人。

色の調和で女性引き立て
ブランド「コルディア」

■ワールド

大人の女性向けファッションを提案し続けているワールド（神戸市中央区）のブランド「コルディア」。ニットを中心に服装全体をコーディネートした製品を提案するという日本初の試みで人気を集め、2011年で生誕45年を迎えた。

こだわりは素材感、色、デザイン。ニット商品では全国で初めて型紙づくりの専門家（パタンナー）を導入し、着心地のよさや、立体的なデザインを追求してきた。色調は黒とベージュが基本で、ピンクや青などの流行色をアクセントにしている。

1967（昭和42）年、前社長の畑崎廣敏氏がヨーロッパ視察中、街を歩く女性の均整の取れたファッションを目の当たりにし、「服装全体の色をそろえることで、バランスのいい商品になる」と思いついた。当初は20代の女性向けとしてスタート。

1975（同50）年ごろに開発した、伸縮を抑え型くずれしにくい編み地「ミラノリブ」を使い、ジャケットを商品化したところ爆発的にヒットした。

1980（同55）年にブランド名をコルディアに変更した。固定客の年齢層が

ニットを中心にしたトータルコーディネートブランド「コルディア」の製品を手にする開発担当の岡本奨さん＝神戸市中央区東川崎町1、神戸阪急コルディア

上がるのに合わせ、製品の対象年齢も少しずつ引き上げ、現在は55歳前後の大人の女性をターゲットに進化を続けている。

コルディアの開発を担当する岡本奨さんは「扱う素材もニットだけでなく、スタイルの多様化とともに幅が広がっている。大人の女性を引き立てる服づくりを続けていきたい」と力を込める。

（三宅晃貴　2011年2月1日）

ワールド／アパレルの大手。1959（昭和34）年にニット卸として創業し、1993年に小売り参入。2007年には売上高3000億円を突破した。主要ブランドはコルディア、アンタイトルなど。2012年3月期の連結売上高は3298億9400万円。従業員数は約1万7000人。

国内で唯一、船員ら重宝

海員制服

■アリマ

紺地に金ボタン、金の肩章…。多くの船乗りが身を包んでいるのが、「アリマ」ブランドの海員制服だ。製造するのは国内唯一の海員制服専門店で、ブランド名と同じ社名のアリマ。神戸の元町商店街に店を構える。海上自衛隊のイージス艦を舞台にした映画「亡国のイージス」でも、衣装に採用された。

1961（昭和36）年創業。当初は紳士服店だったが、経営者の故有馬駿太さんが海員らの依頼で制服もつくり始め、専門化した。当時は神戸でも捕鯨船などが寄港した。

アリマは、船員や港湾労働者向けの宿泊施設「神戸海員会館」（神戸市中央区相生町）の中にあったが、船員の減少や老朽化で会館が2005年末で閉鎖され、現在地に移転。

「海員制服の専門店もかつては各地にあったが、船舶業の衰退でいつの間にか1店になっていたらしい」と、有馬さんの次女で、2009年12月に後を継いだ節子さん。各地でフェリーの航路廃止もあり、経営は楽ではないが「長いお客さまもいるし、やめるにやめられませんね」。

店内には、紺や黒、ベージュの制服が

ずらり。素材、色違いが18種類あり、サイズ展開はきめ細やかにも29種類。価格は、一般的な紺の上下で6万7400円（税別）だ。制帽、ネクタイ、靴も一式、ここでそろうことから重宝されて半世紀。ミナト神戸の活気を今に伝えている。

（西井由比子　2010年3月9日）

港町らしい店で観光客らにも人気のアリマ。有馬節子さんが店を守る＝神戸市中央区元町通5

アリマ／船長や1等航海士など、役職を表す肩章や袖モールは店内で手作業で縫いつける。商品は全国に発送するが、神戸に寄港した船まで持っていくこともあるという。近年はトートバッグやキーホルダーなど神戸土産も開発。従業員4人。

美しさと快適性を両立
ブラジャー「Cシリーズ」
■シャルレ

バストを美しく見せ、着けていて心地よいものを――。女性のブラジャーに対する要求は厳しい。その思いに応えて2011年で30年を迎えるのが、シャルレのブラジャー「Cシリーズ」だ。

登場した1981（昭和56）年当時、ブラジャーは「乳バンド」と、やゆされることもあった。胸を覆うだけで、ずれやすいなど機能性に乏しかった。ストッキングが主力だったシャルレは「女性の胸を優しく包み、美しく見せる」をテーマに2年かけ開発した。設計を担当したのは元造船技師だったという。

ワイヤは使わず、51種類もの部品を立体的に縫い合わせる。広げると弓なりになり、バストを上向かせる。肌触りがよく丈夫なように高級綿糸を多用し、ホックなどほつれやすい部分は縫製が幾重にも。

同社インナーマーケティング課の森口茉莉さんは「丈夫すぎてなかなか買い替えてもらえないほど」と笑う。

当初、売れ行きは低調だったが、実際に着けた女性の間で人気を呼び、年間50万枚で大ヒットとされる中で1990年から6年間、毎年100万枚を超えた。

「超ロングセラーで日本一売れているブラジャー」として、ギネスブック94、95年版に2年連続で掲載された。通販でも常に上位。長寿にして人気者のCシリーズは、現在も同社が目指すブラジャーの頂《いただき》である。

（広岡磨璃　2010年10月19日）

シャルレの定番ブラジャー「Cシリーズ」を手にする森口茉莉さん。肩ひもの太さがカップによって異なるなど、安定感にもこだわる＝神戸市須磨区弥栄台3

シャルレ／1975（昭和50）年設立。試着会方式の訪問販売が中心だが、2009年から直販も始めた。Cシリーズのブラジャーは30サイズで展開。2007年には乳がん手術をした女性向けの調整パッド付きも生まれた。ショーツでも1977（昭和52）年から続く商品がある。2012年3月期の売上高は229億8000万円。従業員数は335人。

母から娘へ、女子高生の友
デニムバッグ

■ファミリア

制服姿の女子高生3人が歩道を行く。なぜかそろって、かわいいアップリケが付いた厚い生地のバッグを肩から提げている。話しかけると「制服に合うし、質もいい」と、うれしそうに差しだした。

子供服メーカーのファミリア（神戸市中央区）が販売するデニムバッグは、神戸・芦屋の女子高生の多くが通学用サブバッグとして愛用する。松蔭女子学院（同市灘区）の服部洋介副校長は「本校の生徒なら誰でも一度は手にする」という。

同社がデニムバッグの販売を始めたのは1960年代。平デニムというワンピース用の丈夫な生地を使い、ピアノの楽譜入れとして考案した。高度成長で家庭も豊かになり、子どもの習い事が普及したころ。小学生までの子ども向けと想定し、子どもと動物の図柄のアップリケを付け、春と秋に新デザインを売り出した。

1970年代の初めごろ、神戸・芦屋の私立女子高生の間で流行した。服部副校長は「かつてサブバッグは家庭科の授業で手づくりした。市販品の使用が認められたのがきっかけでは」と振り返る。

その後、神戸・芦屋の女子高生の間で、デニムバッグは必携品として定着した。

2008年のデニムバッグ。アップリケの種類も豊富＝神戸市中央区元町通1

同社の神戸元町店は「毎春、高校入学直前の女の子が、母親連れか友達同士で来店するのが恒例」という。ある母親は「自分も高校生の時に使った。丈夫でかわいいから安心して与えられる」。

約9000円と少し高価だが、毎年5000枚を生産、完売する。

母から子へと引き継がれるデニムバッグ。品質のよさは世代を超えて、女心をつかんでいる。

（阿部江利　2008年8月15日）

ファミリア／1950（昭和25）年創業。「安心して子どもに着せられる服を提供しよう」と、4人の女性が神戸に店舗を構えた。兵庫県内に17店、県外に129店を展開する。2012年1月期の売上高は135億円。従業員は683人。

「聖地」記念品の定番に

甲子園出場校名タオル

■林タオル

高校球児が躍動する春夏の「甲子園」で、全出場校名を記したタオルがファンの人気を集める。

「出場校がすべて決まるまで生産を始められないので、準備期間が非常に短いんですよ」。製造元の林タオル（神戸市須磨区）社長の林忠人さんはしみじみと語る。１９７０（昭和45）年ごろ、創業者の父親が、知り合いだった甲子園球場の販売業者に「何とか開幕までにつくってくれないか」と頼まれ、引き受けた。

それまで請け負っていたタオル業者が、短期の大量生産に対応できなかったのだという。同じ兵庫県内で距離的に近いこともあり、白羽の矢が立った。

当初の受注量は1万枚程度だった。数年で2～3倍に拡大した後、出場校名を印刷するようになると、一気に7～8万枚になった。「校名を入れたことで、大会の記念グッズとして価値が上がった。全国のファンや応援団らが買ってくれるようになりました」。

デザインも2色刷りから徐々に色を増やして鮮やかにし、バスタオルやハンドタオルも商品に加わった。

人気が出たことで、忙しさも増した。

特に夏の大会は、出場校が直前まで決まらず、余裕がない。「お盆休みに、家族総出で数千枚を袋づめしたこともあった」と懐かしそうに笑う。

大会で鍛えられ、短期に大量生産する仕事はお手のものになった。何より、日本中が沸く高校野球の仕事に携われるのが大きな誇りだ。（松井　元　2011年12月14日）

「甲子園」の大会出場校をすべて印刷したタオルを手にする林忠人さん＝神戸市須磨区弥栄台３

林タオル／１９５１（昭和26）年、神戸市生田区（現中央区）で創業。資本金５０００万円。１９９３年、神戸市須磨区に移転。本社と配送センターがある。注文に応じて刺しゅうやプリントを施したオリジナルタオルなどを製造販売する。２０１２年３月期の売上高は１３億６６００万円。従業員約40人。

タイルカーペット

オフィスの変化で普及

■**東リ**

1枚の大きさは50センチ四方にすぎないが、並べると、あっという間に広いオフィスの床を覆い尽くした。接着剤が不要で取り外しが簡単なタイルカーペット。床下にパソコン用の電線がはい回る企業や官公庁などで幅広く普及している。

内装材の東リ（伊丹市）は国内シェアの4割を握るトップメーカー。当初は輸入品を販売したが「自分たちでつくろう」と1982（昭和57）年、製造に乗り出した。裏面は、アスファルトだったが建物を汚してしまう上、温度変化で伸び縮みした。このため、同社は変形しにくい塩化ビニールの採用を決断。加工中にゆがんでしまう弱点の克服に成功し、1983年、業界で初めて商品化した。

さらに、1986（昭和61）年には通商産業省（当時）がオフィス環境の改善を呼び掛ける「ニューオフィス運動」を展開。歩いたときの感触が良く、ほこりが舞わないなどの利点が注目され、新築のビルが次々と採用した。

タイルカーペットは裁断面にわずかでもゆがみがあれば、たくさん並べるとすき間が出る。しかし、加工技術で他社を一歩リードし続けた。大きさや模様の異

タイルカーペットを敷き詰める作業員＝伊丹市東有岡5

なる製品も相次ぎ投入。シェアトップを独走した。永嶋元博・経営企画部長は「変形しにくい素材を開発したことも普及に一役買った」と胸を張る。

今でも最も売れるのは、最初に発売した50センチ四方で模様もないシンプルな製品。売れた分を敷き詰めると甲子園球場の1900個分以上になる。歴史の重みと商品開発の努力が、利用者の心をつかんで離さない。（萩原　真　2008年8月13日）

東リ／1919（大正8）年、天然素材を使った床材「リノリウム」の東洋初の製造会社として設立。現在はカーテンや壁装材なども手掛ける。東証、大証1部上場。2012年3月期連結決算の売上高は808億7500万円。従業員は連結で1703人。

尽きぬ発想で販路拡大

吹き戻し

■八幡光雲堂

口にくわえてふぅ～っと息を吹き込むと、スルスルっと伸び、クルクル戻ってくる紙製のおもちゃ「吹き戻し」。今も製造しているのは全国で2社だけ。約8割は八幡光雲堂（淡路市）がつくる。

2代目の藤村良男社長によると、起源は「大正の初めごろ、置き薬屋が薬包紙でつくった景品では」。薬と一緒に、紙風船や吹き戻しを入れていたという。

同社は1938（昭和13）年の創業時、大阪でふすま紙などを販売していた。吹き戻しの製造を始めたのは戦後で、主に欧米へ輸出。1950年代後半にクルクル巻く部分の工程（袋状の紙に針金を挟む）の機械化に成功し、量産が可能になった。1972（同47）年には神戸港が近く輸出に便利で、内職先が豊富だった淡路島に移転した。

ところが、1980年代に入ると輸出が陰りだす。同社は商品の多角化に乗り出し、吹くと伸びる「ヒゲ」、鼻や耳が動くゾウやウサギ、阪神タイガース応援用など200種近くを考案。同業者が急減する中、抜きん出た存在になった。最近では、呼吸器の訓練や口腔ケアなどにも役立つとして、高齢者向け施設でも使われる。大人向けに、落ち着いた色の和紙柄商品もつくるなど、アイデアは尽きない。

「長く息を吹くことは、長生きに通じる」と笑う藤村社長。「吹くと戻る」にかけて「福戻し」の名称の商標も取得した。息長く売れるのは、そんな遊び心があればこそ。

（阿部江利　2010年2月16日）

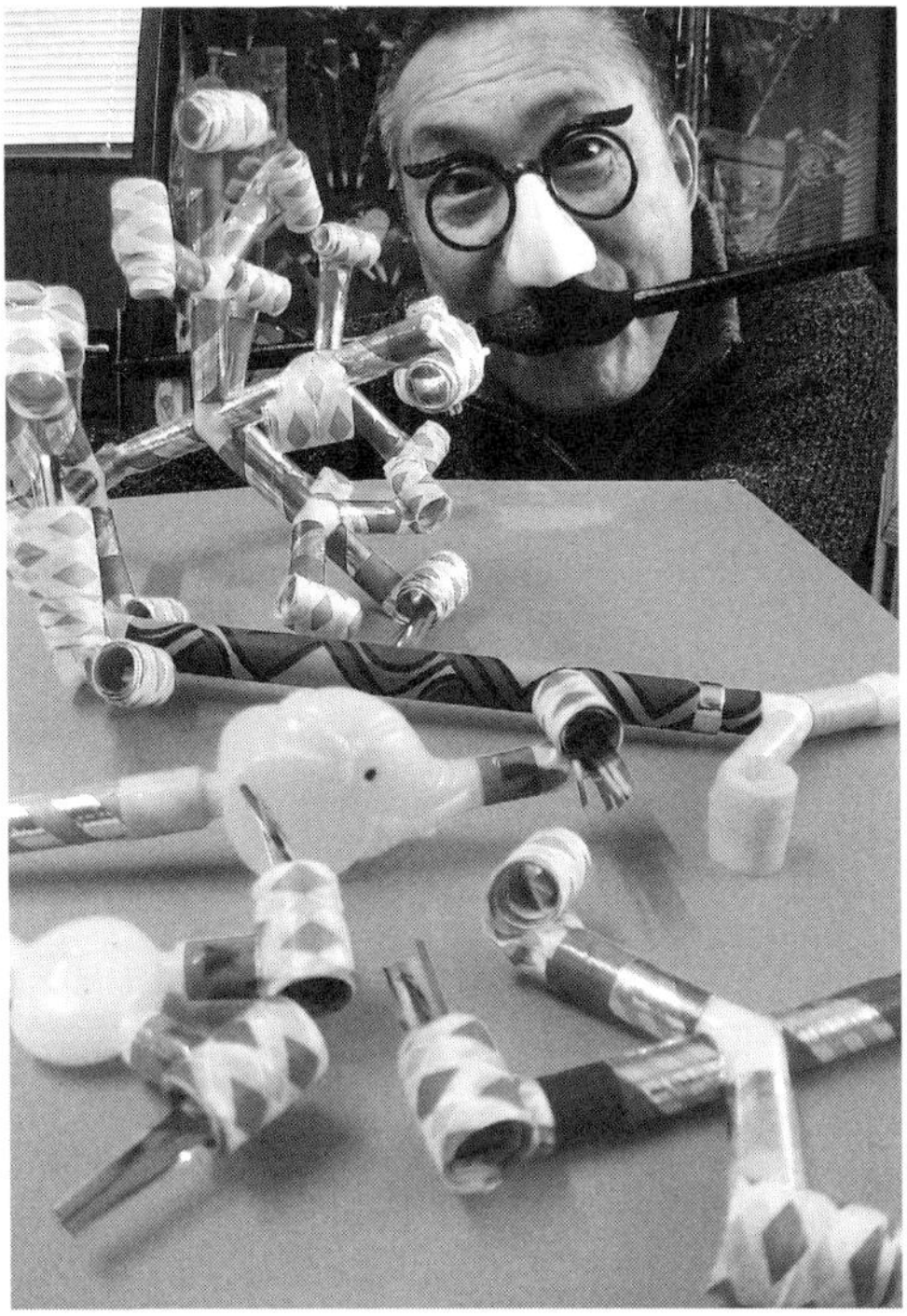

種類も豊富な八幡光雲堂の吹き戻し。「『ピーヒャラ』『巻鳥』など呼び方もいろいろ」と藤村良男さん＝淡路市河内

八幡光雲堂／紙製品の販売店として、1938（昭和13）年に大阪で創業し、戦後、紙製玩具の製造、輸出を開始。1972（同47）年に東浦町（現淡路市）に移転した。吹き戻しは工場で材料加工し、淡路島内の内職先約30軒で製造している。今は年に約700万個（吹き口換算）を生産。売上高は8000万円。従業員10人。

高機能化で育児を支援

赤ちゃん用紙おむつ

■P&Gジャパン

P&Gジャパン（神戸市東灘区）の赤ちゃん用紙おむつ「パンパース」の販売が好調だ。高機能化に加え、「高品質だけど少し高い」価格を他社と同じ水準に下げる新戦略で、2010年春、国内シェア2位に浮上した。

日本では1977（昭和52）年に発売された。今では病院が生まれたての赤ちゃんに使うおむつの約75%が、パンパース。同社ブランドPRマネジャーの三木依子さんは「赤ちゃんの立場でつくり続けてきた結果」と話す。

パンパースは、さまざまな進化を遂げてきた。体積が4分の3までスリム化し、赤ちゃんは動きやすく、使用済みおむつの廃棄量も減った。また、替えどきが見て分かる仕組みにしたり、おむつ替えが親子の楽しいコミュニケーションの場となるようキャラクターをあしらったり。

「核家族化が進み、ベビー用品に育児の支援機能が求められる時代になった」。

新戦略の柱が、夜中のおむつ替えが不要になる「10時間吸収」の実現。が、この高機能化には、成長に睡眠が欠かせないという育児情報を発信する役割もある。生後4カ月前後の日本の赤ちゃんで

新戦略が功を奏し、販売が堅調なパンパース＝神戸市東灘区向洋町中1

7時間以上の連続睡眠をしているのは、欧州の半分以下の約2割。夜中に照明をつけておむつ替えすることが、赤ちゃんの眠りの妨げの一因になっている。

三木さんは「P&Gには製品への自信と赤ちゃんをよく知っているという自負がある。パンパースを通じ育児支援ができれば」と話している。

（段　貴則　2010年5月11日）

P&Gジャパン／世界最大の日用消費財メーカー、米P&Gの日本法人。パンパースは約90カ国で展開する。P&Gジャパンが2010年、高機能化や値下げなど新戦略を打ち出した。明石工場（明石市）の生産量は前年同期比3割増という。2012年7月時点で従業員数は約4200人。

印刷から電子対応まで

フォント

■モトヤ

「字」を売っている。といっても、本や文章ではない。文字を印刷したり、パソコンで表示したりするためのフォントをつくっているのだ。新聞、書籍からテレビ、インターネットまで、普段意識しないが、目にする機会は多い。

1922（大正11）年、活版印刷に用いる活字の製造販売店として姫路市で創業。当初は既存の型で鋳造していたが、1935（昭和10）年ごろから独自書体の開発を始めた。戦時中も続け、市街地が焼け野原となった姫路大空襲でも、開発中の書体は先代社長の古門《ふるかど》正夫氏（故人）が疎開先に避難させ無事だったという。

1949（同24）年に本社を大阪に移転し、初の「モトヤ書体」を完成させた。以来、「読みやすさ」「文字の美しさ」にこだわり続ける。名刺や案内状などに人気の「正楷書《せいかいしょ》」は中国・初唐時代の三大書家の一人、欧陽詢《おうようじゅん》の作品を基にデザインし、半世紀を超すヒット書体に。

活版印刷が衰退し、コンピューター時代へ。まずはドット（小さな正方形の点）を組み合わせて文字を表現する「ビットマップフォント」を開発。新技術への対

活版印刷時代の活字を持つ古門慶造さん。後ろは現在販売しているフォントの一部＝大阪市中央区

応は続き、今ではスマートフォン（多機能携帯電話）にも提供している。

　近年はプリンターなど印刷機器商社としての売り上げがほとんどを占めるが、古門慶造社長は「フォントはわれわれが培ってきた財産。大切に守り続け、これからも印刷業界と歩んでいきたい」と力を込める。

（土井秀人　２０１１年８月24日）

モトヤ／独自のフォントは約３５０種類ある。ＪＩＳ規格では日本語フォントで必要な文字数は６８７９。しかし、「辺」の1字でも「邊」や「邉」など40種類以上あり、フォントによっては2万文字を超えるものも。２０１２年３月期の売上高は９０億４０００万円、従業員数約１４０人。

地域色出しシェア首位

使い捨てカイロ

■桐灰化学

ＣＭの最後に落ち着いた声で女性がつぶやく。「日本一の寒さに日本一売れてるカイロ。桐灰《きりばい》はる」。極寒の地を舞台に修行僧姿の桂小枝さんが登場する「おもしろＣＭ」で知られる。

主力生産工場を三田市に開設して約20年。販売する桐灰化学（大阪市）のブランド戦略課長、橋間昌昭さんは「冬の風物詩として定着したＣＭ効果もあり、とりわけ関西でのシェアは約７割」と力を込める。

「貼る」タイプのカイロは１９８０年代後半に登場。日本が発祥だ。温めたい場所に固定できる点が受けて、今では使い捨てカイロ全体の７割を占める。

桐灰を筆頭に各社が競う業界は、地元企業のシェアが高く、ご当地色が強いのが特徴だ。持続時間が業界で最長級の「14時間」が売りの「桐灰はる」も、広報戦略の柱に「関西のノリ」を意識する。

毎年、同一の設定でおもしろＣＭを制作。イメージの定着を図るほか、包装にもこだわる。「売り場で目立つように」と光輝く金色のパッケージを採用、さらに「きんきらきん」とまで書き添えている。

現在、三田工場で製造を担うのは、同

じ小林製薬グループの桐灰小林製薬（三田市）。冷え込んだ２０１０～１１年冬は国内市場規模が前季の１・２倍に拡大したが、２０１１～１２年冬は節電でさらに需要が伸びているという。橋間さんは「ＣＭのような極寒の屋外だけでなく、今冬は節電対策として室内でも使ってもらえれば」。

（段　貴則　２０１１年12月７日）

「桐灰はる」のミニサイズや靴下用、「貼らないタイプ」など商品は多彩だ＝大阪市淀川区新高１

桐灰化学／１９１５（大正４）年創業。１９９０年に放送した「桐灰はる」のＣＭ第１作はカンヌ国際広告祭（当時）で銀賞に輝いた。１９９２年に三田工場を開設。その後、小林製薬傘下となり、２００８年に製造部門を分社化し、桐灰小林製薬を設立した。２０１２年７月の社員数は１０３人。

肌に優しく、じわり浸透

米ぬか石鹸

■丸菱油脂石鹸化学工業所

ヤシ、パーム、オリーブなど天然植物油を配合した米ぬか石鹸《せっけん》。「配合の具合によって泡立ちや洗った後の感じが変わる。ここが企業秘密」。代表の西垣壮南《そなむ》さんが笑顔を見せる。

もともとは、現会長で父親の匡さんが、クリーニング業者向けに、機械やボイラーなど資材を販売する会社として創業した。石鹸は資材の一つだった。

米ぬか石鹸をつくり始めたのは1960年ごろ。アトピーなど肌のトラブルが広がる中、肌にやさしいと評判になった。患者に勧める皮膚科医もいて「ゆっくりと」浸透していった。

製造法は当時のまま。まきを使って大釜で3日間たき、その後、7日間じっくり熟成。固まったものを棒状に切り分ける。それから10～20日間かけて乾燥。商品の大きさに切って、さらに40～60日間自然乾燥させる念の入れようだ。

石鹸は温度によって内部に水分を蓄えたり出したりする。紙で包装すると見栄えはいいが、湿気で紙が傷むことがあった。菓子の包装紙メーカーに相談し、内側にフィルムを貼った包装材を導入。問題を解決できた。

現在、年間4万個弱を生産。この20年ほどで4倍に増えた。ＯＥＭ（相手先ブランドによる生産）を含めて種類は３０0～４００となり、全体で年間約36万個をつくる。

「信頼を裏切らない商品づくりを」。西垣さんの信念は揺るぎない。

（松井　元　２０１２年４月25日）

米ぬか石鹸を手に取る西垣壮南さん＝三木市別所町下石野

丸菱油脂石鹸化学工業所／１９５５（昭和30）年、神戸市東灘区で創業。現在は三木市別所町に本社、工場がある。資本金３００万円。百貨店や薬局、インターネットなどで販売している。約２５０社にＯＥＭ供給。２０１１年12月期売上高は約６０００万円。従業員数16人。

原料の鮮度もこだわり

洗濯用せっけん

■ミヨシ石鹸

白いせっけんをぴっちりと包んだ透明フィルムに「ミヨシマルセル」の文字。1954（昭和29）年に発売され、今も衣服の部分洗いなどに愛用する人が多い。ところで「マルセル」って何？

「フランスの港湾都市マルセイユのことですよ。それがなまってマルセル」とミヨシ石鹸《せっけん》神戸工場（神戸市長田区）の水野勝己工場長。マルセイユは16世紀ごろから一大生産地となり、それが世界各地に伝わった。日本ではマルセルが高級せっけんの代名詞だった時代もある。

「人が直接触れるものだから」と無添加にこだわり、牛脂を中心とした天然油脂からつくる。いわば生ものが原料だけに、新鮮なうちに製品化することが品質の決め手となる。

他社にはない利点が敷地内にある関連会社ミヨシ油脂（東京）の工場だ。マーガリンやラードなどの食用加工油脂の国内最大手。ミヨシ石鹸はもともとこの会社の石鹸事業部だった。

ミヨシ油脂で精製、加工された原料がパイプラインで送られてくる。精製から製品化までの一貫生産体制が「使い心地の良さ」を支えてきた。

包装前の「ミヨシマルセル」が積まれた工場。水野勝己さん（右）が右手に持つのが完成品。ほかにも長寿商品がたくさん＝神戸市長田区苅藻通7

5000年以上前の古代ローマで、神にささげるために焼いた羊の脂と灰が混ざって生まれたといわれるせっけん。「今こそ『自然から生まれ、自然に帰る』という原点を見つめ直すとき」と水野さん。「安心で温かみのある暮らしの提案」を使命としている。（小林由佳　2012年5月30日）

ミヨシ石鹸／本社は東京都墨田区。1921（大正10）年、ミヨシ石鹸工業合資として設立。資本金3億円。1949（昭和24）年にミヨシ油脂に社名変更、1960（同35）年から神戸で生産開始。1996年に分社化した。阪神・淡路大震災で大きな被害を受け、工場を再建した。売上高は約40億円。社員約60人。

あらゆる製品彩り60年

ネオアルキコート

■川上塗料

2012年で世に出てから60年。社内では「還暦商品」と呼ばれる。家電、自動車、木製家具、看板、電鉄車両、陶磁器、ビル…。さまざまな製品を彩ってきた。まさに会社の代名詞といえる塗料だ。

「塗りやすく、乾きが速く、光沢もいいため、用途が幅広い」。小田修・取締役技術本部長が誇らしげに話す。

誕生のきっかけは、1948(昭和23)年に発売された合成樹脂塗料「アルキコート」。乾燥時間が長く、太陽光にさらされると色が変わりやすいという欠点があったため、改良を重ねた。4年後、それまで2日間かかっていた乾燥時間を、最短5時間に短縮した新製品が完成。新しいという意味の「ネオ」を付けて発売した。

有害物質である鉛を含まないため、学校や公園の遊具の塗り替えにも重宝されている。速乾性と発色の良さから、油絵具の代わりとして絵画に用いられることもあるという。

基本的な配合は変わらないまま。この製品をベースに開発した派生製品は10種類に及ぶ。「当時の技術者たちは寝る間も惜しんで開発に励んだ。先人の努力に頭があがらない」と小田さんは感服の表情。

「数百種ある当社製品の中で一番のロングセラー」と話す小田修さん＝尼崎市塚口本町２

目下の課題はより環境に優しい水性塗料の開発だ。２００２年から研究を続けるが、商品化には至っていない。「ネオアルキコートを超える『ネオ』を」。技術者たちは、次代のロングセラーを求めて夢を追い続ける。

（末永陽子　２０１２年９月19日）

川上塗料／１９０１（明治34）年創業。三井物産傘下の中堅塗料メーカーで、二輪車向けは国内トップ。ネオアルキコートは約50色あるが、受注に応じて色は無限にできるという。容量は６タイプある。２０１１年11月期の売上高は６１億７０００万円。従業員約１６０人。

改良重ね品種も豊富に

イボコロリ

■横山製薬

ウオノメ　タコ　イボ　イボコロリ～♪のCMで知られる横山製薬（明石市）のイボコロリ。１９１９（大正８）年の発売以来90年を経ても売れ続ける。

そのわけを、同社広報の日比美樹さんは「ネーミングと効き目に尽きます」。発売当時は栄養状態が悪く、足にイボやタコができる人が多かった。ナイフで削るなど細菌が入る場合も多く「塗れば自然にコロリと取れる薬を」と、創業者の横山長次郎氏がサリチル酸などの成分から薬品を開発。「本当にコロリと取れた」ので「イボコロリ」と名付けられた。

おなじみの瓶入りのほか、１９８９年からはばんそうこうタイプも販売。包装の改定や、ウオノメの硬い皮膚に浸透しやすく処方組みした「ウオノメコロリシリーズ」の発売など、消費者のニーズに合わせて改良を続けてきた。

２００９年4月の薬事法改正も好機となった。従来通り薬局やドラッグストアで販売する「第2類医薬品」のほか、量販店などのフットケアコーナーで「医薬部外品」として扱うシリーズも発売し、女性も手にしやすいピンク色の包装にした。

「女性の7～8割は足に悩みを持つと言われ、潜在需要はまだまだある」と開発担当の山守照雄薬学博士。

イボコロリは今日も日本のどこかで、誰かのイボをとっている。

（阿部江利　2009年11月3日）

「気軽に使ってもらえるように」と、小さなリニューアルを重ねてきた横山製薬のイボコロリ＝明石市相生町2

横山製薬／明石市で1900（明治33）年創業。2010年に創業110周年を迎えた。自然生薬を使った内服薬「ヨクイニン錠」や天然成分を利用した虫よけ、フットケア商品も扱う。井上雅文社長、従業員約40人。

「職場の悩み解消」原点

水虫薬「エフゲン」

■大源製薬

尼崎市内に「日本一小さな医薬品メーカーかも」と経営者自身が話す製薬会社がある。大源《だいげん》製薬。社員数は腰山武史社長を含めて7人。なじみの薄い社名だが、しつこい水虫に悩む人には知られた存在だ。

もともと自動車整備業を営んでいた今里源太郎会長が、自らの足を実験台に独力で完成させた水虫薬「エフゲン」を看板商品にしている。

開発のきっかけは、自動車整備の現場で、安全対策として鉄板入りの靴を履いている社員に水虫が多かったためだ。市販薬が効きにくく、悩む社員の姿を目の当たりにして挑戦。成分の配合を変えながら、自身の足で試し続けた。

元神戸労災病院名誉院長の故藤田登さんの協力で、臨床データがそろい、国から製造承認を受け商品化。藤田さんのイニシャル「F」と、自身の名前「源」をとって商品名とした。

今里さんの娘で腰山社長の妻・峰子さんは「長年使い続けてくださるファンが多い。常備薬として買う人もいる」。いったん治っても、長靴などを履く職場の人によってはぶり返すケースが多いからだ。

製造拠点は会社2階。夏場はひと月に約5000本の注文が入る。ネット商店街「楽天」の部門別ランキングで3年連続1位を獲得したこともあるという。

腰山社長は「小さな会社だからそう簡単に新製品はできない。エフゲンを大切にして困っている人の役に立てれば」。

（段　貴則　2011年9月28日）

「足のマーク」が印象的なエフゲンを手にする腰山武史さん＝尼崎市元浜町5

大源製薬／1977（昭和52）年創業。資本金4000万円。1973（昭和48）年に製造承認を受け、創業後、エフゲンとして本格的に販売を始めた。主な販売場所は本社のほか、阪急百貨店うめだ本店や地域の薬局。近年は購入客の半分以上が女性という。従業員は2012年8月時点で7人。同社TEL06・6418・0278

乳酸菌一筋の看板商品

新ビオフェルミンS

■ビオフェルミン製薬

「人にはヒトの乳酸菌」――。テレビCMでもおなじみの整腸薬「新ビオフェルミンS」は、乳酸菌研究一筋を貫くビオフェルミン製薬（神戸市長田区）が、設立以来100年近く、進化させてきた看板商品だ。「人間と相性が良い」というヒト由来の3種類の乳酸菌が腸内で増殖、調子を整えるとの効能をうたう。

創業は1917（大正6）年。当時、日本ではなじみの薄かった乳酸菌の効果に着目した神戸の医師らが、ドイツから菌を取り寄せて培養。「神戸衛生実験所」を設立し、整腸薬「ビオフェルミン」をつくり始めた。その際、販売を今の武田薬品工業（大阪市）に委託したため、今もこの業態が続く。

製品名の「ビオ」は「生命の、生きた」の意味で「フェルミン」は「発酵、酵素」に由来。食生活の変化などで1966（昭和41）年に乳酸菌を2種類に、1987（同62）年には3種類に増やし、現名称に変更した。

初代から使っている「フェーカリス菌」は従来の整腸効果に加え、血圧を下げる働きなどが近年判明した。大西章史《たかひと》会長は「いい面がどんどん出てくる不思議な菌。当時、よくこの菌を選んだと、研究者たちも感心している」。

阪神・淡路大震災で旧本社や工場が全壊し、再建のため、今も現役を続ける大西会長。「高齢化が進む中、元気で長生きできるよう、多くの人に乳酸菌を活用してもらいたい」。愛用者の一人として、力を込めた。

（石沢菜々子　２０１２年４月４日）

製品をPRする大西章史さん。長年愛されてきたのは「飲めば効く、というのが一番大きい」＝神戸市長田区三番町５

ビオフェルミン製薬／一般向け市販薬のほか、創業時から医療用整腸剤も手掛ける。２００８年、経営安定のため、大衆薬最大手の大正製薬の連結子会社に。近年は欧米のサプリメント向けの需要が伸び、２０１２年は神戸市西区の工場で生産体制強化に着手する。同年３月期の売上高は９５億３０００万円。従業員数は１６３人。

利便性と安心感で130年

布亀の救急箱

■布　亀

玄関先に置かれた幅32センチ、高さ16センチ、奥行き22センチのプラスチックケース。引き出しを開けると胃腸薬、湿布、目薬、のどあめが並ぶ。

内容をあらためた営業員は「かぜ薬が減ってますね。急に寒くなったから、お子さんが飲まれたのかな？」。顧客は「置き薬のおかげで軽くて済んだわ。じゃ、かぜ薬のお代ね」。使った分だけ支払い、営業員から薬の補充を受ける。

「♪ヒヨコのヒヨコはヒヨコの子」のCMソングでおなじみの布亀（西宮市）は1876（明治9）年、薬の一大産地・富山出身の布目亀次郎氏が創業。後に家庭や事業所を定期的に訪問するスタイルを確立し、会社設立に合わせ神戸に本社を構えた。

救急箱の中には、内服薬など20種。13種は自社グループで製造している。使われる都度補充し、未開封のまま使用期限を迎えた分は無料交換。営業員は原則転勤せず、1人700～800件の得意先を小まめに訪ね、健康相談にも応じる。利便性が評価され、営業エリアは東海以西と関東の一部にまで広がった。

近年は、環境配慮型の段ボール製救急

箱を投入。デフレ不況に配慮した値下げにも踏み切るなど時代のニーズに即応する。

「創業から130年余り、薬を使う人の身になる『先用後利』の精神は不変」と、広報・お客様係の山城賀子課長。時代を超える安心感が、51万世帯に及ぶ支持の原動力となっている。

（佐伯竜一　2010年1月26日）

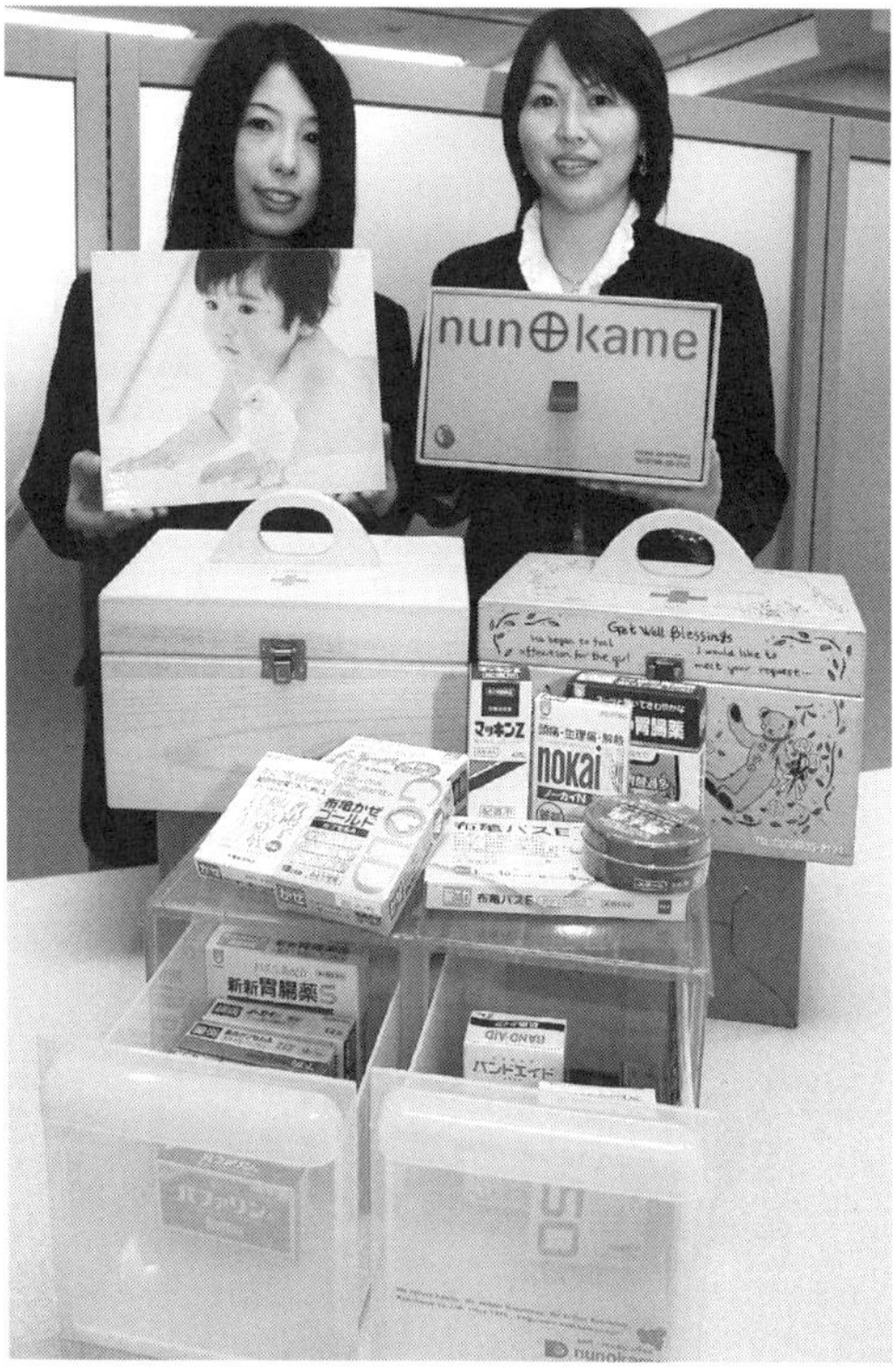

「ヒヨコのヒヨコッコ」のCMソングでおなじみ、布亀の救急箱。モデルの赤ちゃんは24歳（2010年1月時点）になったとか＝西宮市今津二葉町

布亀／会社設立が1960（昭和35）年で、当時の本社は神戸市生田区。1968年現在地に移転した。「ヒヨコのヒヨコッコ」の曲が流れるCMは1986年発表。漢方薬販売、牛乳や水の宅配事業などにも参入している。2012年3月期の売上高は約151億円。従業員約2100人。

品質に徹し、肌美人応援

米ぬか化粧品「純米」

■リアル

かつて旧宮内省の御用達に指定され、今も「美人ぬか」のフレーズで女性の美容を応援する米ぬか化粧品「純米」シリーズ。化粧品製造販売のリアル（神戸市兵庫区）の前身、美人ぬか本舗が売り出したのは1世紀以上も前のことだ。

創業は1894（明治27）年。江戸時代の女性が、木綿や絹の袋に米ぬかを入れて肌を磨いていたことに目を付けた。創業者の故久保擴造氏は、米ぬかと木綿袋とを一緒に荷車に載せ、銭湯や商店へ訪問販売に回ったという。

同社によると、米ぬかには肌の新陳代謝を促進するビタミンB1、B2が含まれる。また、抽出される保湿成分「ガンマオリザノール」は肌を保護しながら血行を促す働きを持つという。

原料となる米ぬかは広島県内の農家と契約しアイガモ農法で栽培するコシヒカリから取るなど、肌に触れる商品だけに品質の維持、向上を徹底する。その米ぬかから抽出したエキスを配合した化粧水や乳液など商品シリーズは、23種類に及ぶ。

さらに、高い栄養価がある古代米「紫黒米」を、京都などの水田で栽培。その機能を確かめ、新商品の可能性を探っている。
　岡俊之・統括管理部長は「エアコンの普及で乾燥肌の人が増えている。顧客はますます保湿を求める傾向にある」と分析。「これからも肌をダメージから守り続けたい」と宣言する。

（三宅晃貴　2010年3月23日）

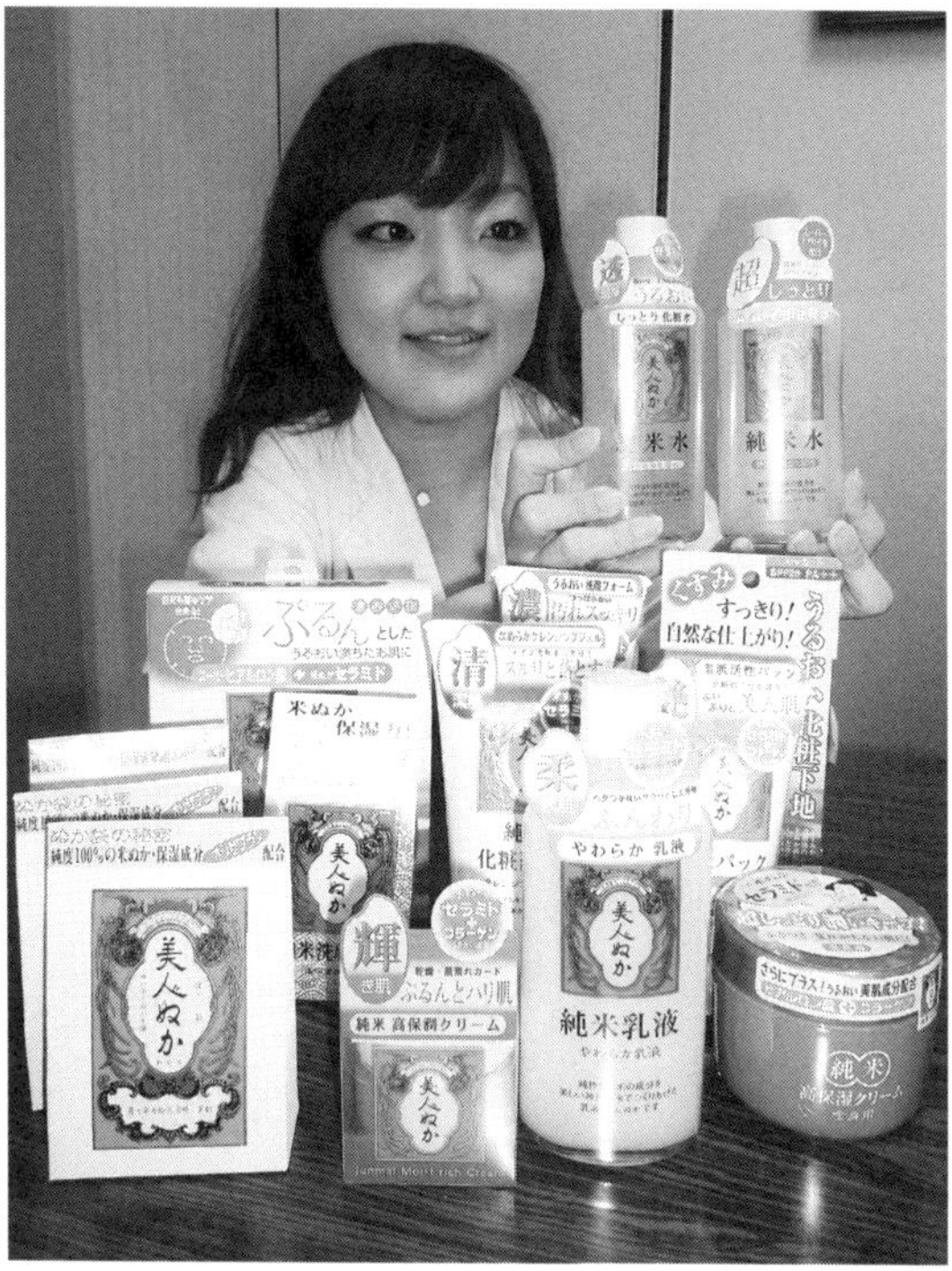

アイガモ農法のコシヒカリから抽出したエキスで製造する純米シリーズ＝神戸市兵庫区御所通1

リアル／1970（昭和45）年に現社名に変更。純米シリーズはドラッグストアなどに年間で約130万個を出荷する。2003年には、体験型施設、北野工房のまち（神戸市中央区）に直営店を出している。資本金1000万円、従業員約100人。

使い捨てで人気爆発

ごきぶりホイホイ

■アース製薬

愛きょうのある昆虫のイラストが描かれた、ボール紙製の赤い屋根の小さな家。横からのぞくと、粘着シートの上には…。

「ごきぶりホイホイ」が世に出たのは、1973（昭和48）年。アース製薬（東京）が赤穂市坂越の研究所で開発し、以後一貫して隣接工場で製造する。

「ホイホイは当社の発展の原点」と研究部課長の松井敏也さん。当時、都市部では鉄筋のマンションが増え、住環境が急激に変化。外気と遮断された暖かい屋内でゴキブリは冬を越し、どんどん増えて人々を悩ませていた。

すでにプラスチック製の箱形捕獲器は普及していたが、ゴキブリが中で動き回るため、心理的負担が大きかった。

そこで、当時の社長自ら使い捨て式を発案。兄の会長が「ホイホイ捕れて、売れますように」との願いを込めて名前を付けた。大塚製薬の傘下入りして間もないころ、業績は低迷を続けていた。

ホイホイは発売から3カ月で27億円を売り上げる爆発的ヒット商品に。生産が間に合わず、工場の外で問屋のトラックが列をなして待ち構えた。新聞も「好況でボーナスは一流大企業顔負けの十数カ月分。ゴキブリはまるで〝黄金虫《こがねむし》〟」と報道するほど。経営は見事好転した。

組み立てるだけの単純な商品だが、実は工夫は多い。警戒させずに誘い込むため前方の入り口に角度を付けたり、接着面を多くするため粘着シートにでこぼこを付けたり。改良を重ねて現在が6代目だ。

「単純で、しかもちゃんと威力があるから愛される」と松井さん。世界20カ国で愛用されている。

（西井由比子　2008年8月14日）

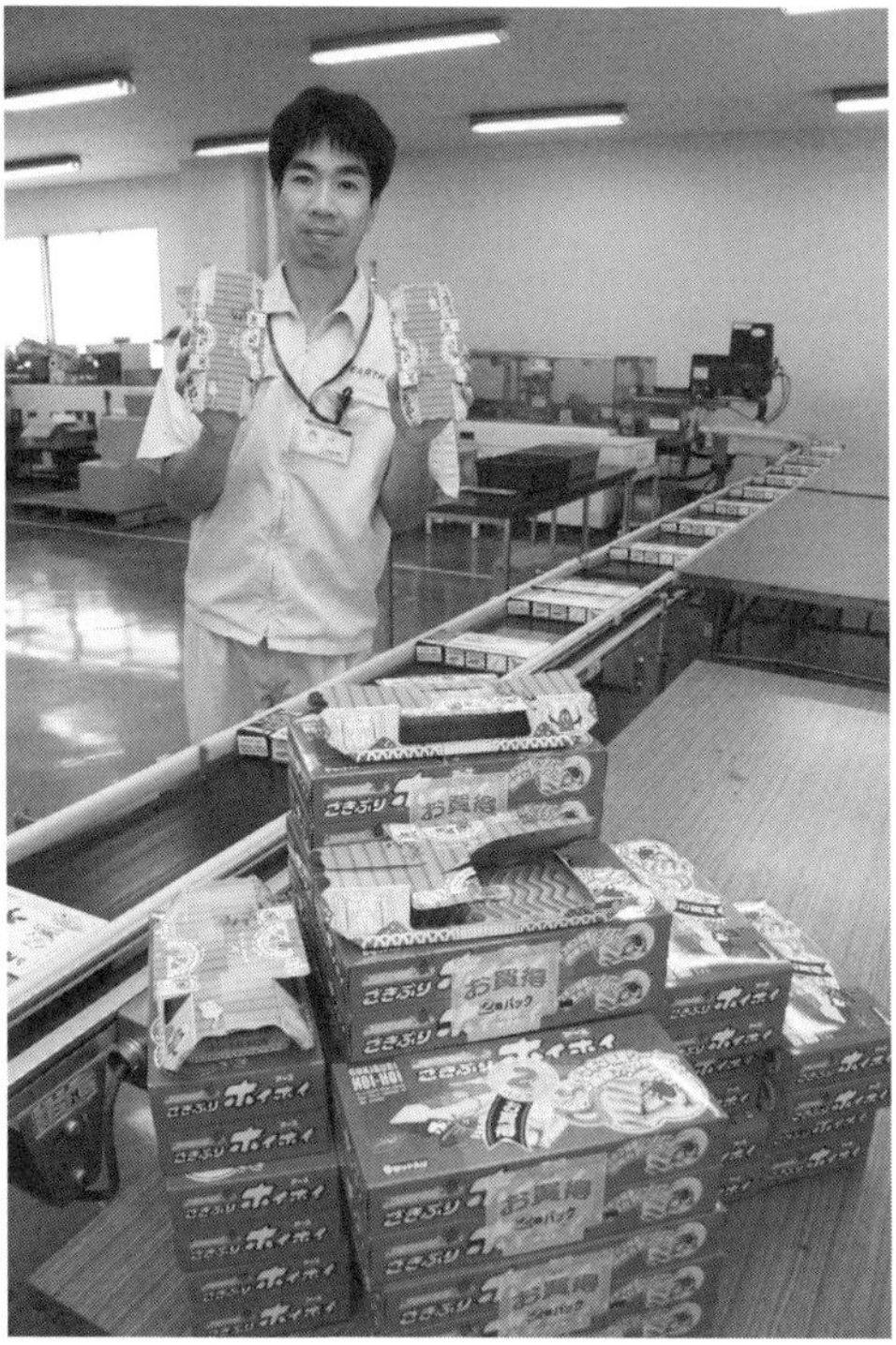

ごきぶりホイホイの生産ライン。海外向けもここでつくっている＝赤穂市坂越、アース製薬坂越工場（撮影・山本哲志）

アース製薬／１８９２（明治25）年創業の殺虫剤最大手。１９６９（昭和44）年に会社更生法の適用を申請し、翌年大塚製薬グループ入り。以後は液体式電気蚊取り「アースノーマット」など独創的な商品で業界をリードしている。２０１１年12月期の連結売上高は１１０９億円。社員数は２８２４人。

爽やかさ、愛されて110年

天然ハッカ

■**鈴木薄荷**

気温35度の炎天下、住宅街にある本社に近づくと、すっと背筋が伸びた。爽やかなハッカ（メントール）の香りが、風に運ばれてきた。

鈴木薄荷《はっか》（神戸市灘区）は国内に4社しかない天然ハッカの製造業者。工場ではインドから輸入したハッカ油を再蒸留し、結晶にして国内の製薬、食品メーカーなどに販売している。

10キロを詰めた段ボール箱。「ＳＵＺＵＫＩ」の文字が入ったレトロなラベルが目を引く。同社の源流は大正期、神戸に本拠を置き、三井、三菱をしのぐ総合商社として名をはせた鈴木商店のハッカ事業だ。砂糖、樟脳《しょうのう》など「白モノ」の取引から成長した鈴木が１９０２（明治35）年に扱い始めた。第一次世界大戦後の恐慌の中、１９２７（昭和２）年4月に倒産したが、大番頭・金子直吉の直弟子だった楠瀬《くすのせ》正一が同年7月、ハッカ部門を独立させた。昭和初期、鈴木のハッカは「スキント」と呼ばれ、世界各地でその品質を愛されたという。

産地は岡山、北海道、ブラジルと移ったが、基本的な製法は当時のまま。１１０年たった今も人気は健在だ。天然ハッカの国内消費量は年間６００トン程度。湿布や軟こうなどの医薬用、キャンディーやガムなどの製菓用、歯磨きや入浴剤など日用品…。国内市場は緩やかに拡大している。

和田芳明社長は「私たちの生活に爽やかさや潤いを与える素材。鈴木の伝統を未来につなぎたい」と先を見据えている。

（高見雄樹　２０１２年８月１日）

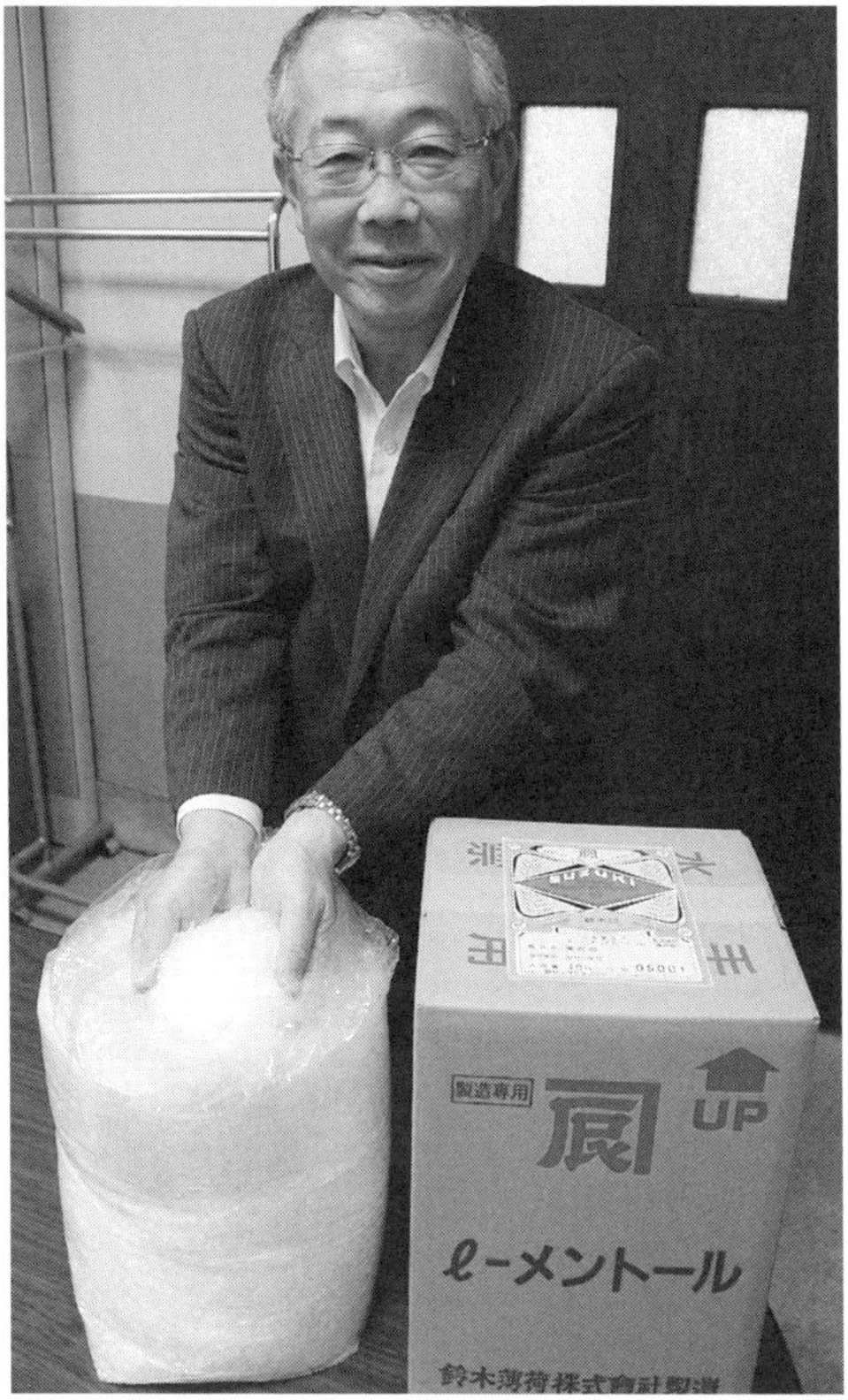

天然ハッカの結晶を手にする和田芳明さん。箱には鈴木商店の屋号「カネタツ」の印が光る＝神戸市灘区下河原通１

鈴木薄荷／神戸製鋼所や帝人など旧鈴木商店系で現在も続く約30社のうち、唯一、「鈴木」を名乗る。年間生産量は約２５０トン。２０１２年６月期の売上高は11億円。３年連続で過去最高を更新した。売上高経常利益率は毎年13～15％を維持している。従業員23人。

若者捉えるデザイン性

ゴム長靴「実用大長」

■シバタ工業

シバタ工業（明石市）のゴム長靴「実用大長」がここ数年、若い女性に人気という。つや消しの黒に、赤いハト印のワンポイント。足首に向かってキュッと締まる形状が、おしゃれ心をくすぐるらしい。「形は40年ほど前からほぼ同じ。かつて輸出していた海外のデザインに影響されている」と、会長の柴田達三さん。

創業時からゴム靴を手掛け、昭和初期には現在の長靴に近い形の製品を開発。戦後は見栄えや洗いやすさを追求し、裏表に別のゴムを張り合わせる技術を編み出すなど、品質を高めた。海外でも支持されたが、円高で国内販売にシフト。それでも業務用卸を中心に、農漁業従事者ら多くのリピーターを抱えている。

原料にはすべりにくい天然ゴムを使う。ミキサーで練り、耐候性を高める薬品などと混ぜ合わせてシート状にし、各部位の形に型で抜く。部位は1足で二十数点に及び、足型の周りに張り合わせる。長靴の形に仕上げた後、大きなかまで加熱し、弾力、耐久性を引き出して完成。「1足ずつ、熟練者が手作業でつくります」。

5年ほど前、女性モデルが海外ブラン

ドの長靴姿で雑誌などに登場し、安価な実用大長にも脚光が当たった。２００９年にはほぼ同じデザインで、５色展開の新製品を投入した。柴田さんは「何が売れるか分からないもの」と苦笑しながら「当社製品は使い手に育ててもらってきた。品質でこたえたい」。

（佐伯竜一　２０１１年２月８日）

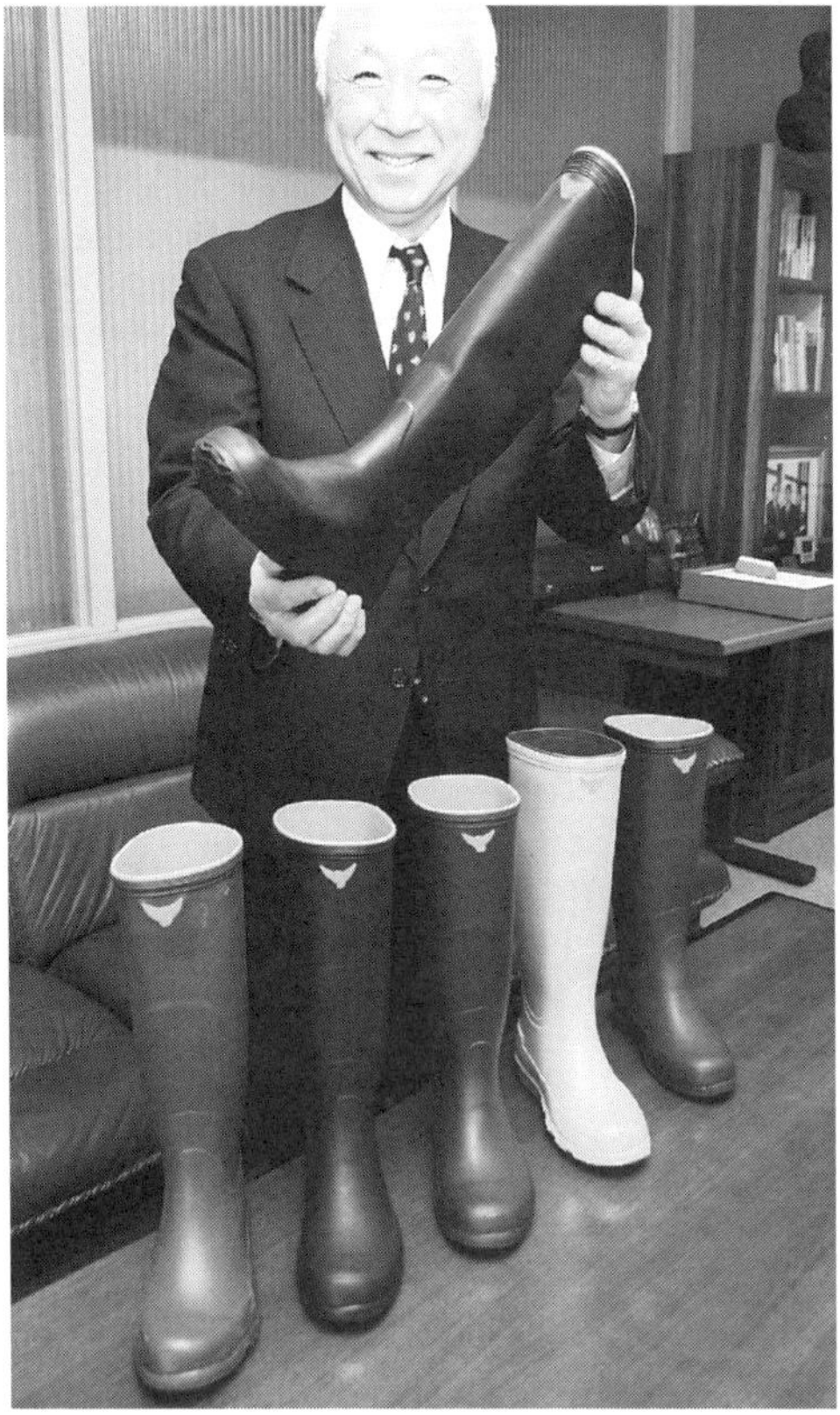

「実用大長」を手にする柴田達三さん。５色展開する新製品「彩り」（手前）も、若い女性らに人気＝明石市魚住町中尾

シバタ工業／１９２３（大正12）年、神戸市長田区に前身の柴田商会ゴム工業所を設立。現在は港湾、物流、建設関連の工業製品も手掛ける。実用大長のメーカー希望小売価格は７５６０円。２０１２年５月期の売上高は約85億円。従業員は約３６０人。

子どもの健康育て続け

運動靴

■ラッキーベル

甲の部分が三角のゴム布になっている学校の上履き「前三角ゴムシューズ」。子どものころ履いたことを懐かしく思い出す人も多いだろう。「シューズと接する時間が長い学校生活の中で、足から健康を育てようというのが先人の願いでした」。ラッキーベル（神戸市長田区）の3代目の有吉英二社長が話す。

人間工学に基づいて設計し、1961（昭和36）年に発売。素材は改良を重ねたが、デザインは当時のまま。着脱が簡単で程よくフィットするため、跳びはねても脱げない。「行動や身体に合ったデザイン」と胸を張る。

納期は春先に集中し、その数は毎年100万足以上に上る。「さすがにあの年は無理だと思った…」というのが、阪神・淡路大震災の起きた1995年だ。

本社は全壊したが、幸い150万足もの注文情報が入ったデータは被害を免れ、在庫も前年に同市西区の物流センターに集約していた。「本当にラッキーだった。社名が幸運を運んできたかな」と笑う。

震災以降、職人の高齢化やコストを理由に中国生産に完全移行。安定供給を確

設立当初からベルマーク活動にも参加。「社名のベルは活動から名付けられました」と、有吉英二さん＝神戸市長田区神楽町４

保するため、製造拠点を４地区に分けた。

生産は海外でも、社員のまなざしは学校現場に注がれる。社員らは全国の学校を回り、色や素材の改良を重ねる。「種をまき、水をやり、収穫期を迎える。農作業と同じ」と有吉社長。

子どもたちに健康を運ぶ靴づくりは、地道な努力に支えられている。

（末永陽子　２０１２年７月11日）

ラッキーベル／１９６１（昭和36）年、地元のゴムメーカーが共同出資した組合の販売会社として創業した。近年、中高齢者向けの健康靴なども展開。東日本大震災の被災地などへ運動靴を寄付する社会貢献活動も積極的に行っている。２０１２年の売上高約15億円。従業員30人。

優しく冷やして〝90歳〟

ダンロップ水枕

■住友ゴム工業

たぷ、たぷ。ごろ、ごろ。横たえた頭の下で氷水が動く。天然ゴム素材の水枕は、ほどよい冷たさで患者を支える。住友ゴム工業（神戸市中央区）の「ダンロップ水枕」は、製品化から90年近い長寿を誇る。

同社によると、日本最初のゴム製水枕は１９０３～０４（明治36～37）年ごろにさかのぼる。同社前身のダンロップも参入。ゴムのシートを張り合わせてつくった。１９２３（大正12）年、金型による一体成形で継ぎ目をなくし、定番製品に。

その後、頭がぐらつかないよう箱形に改良した「安定型」（１９６６〈昭和41〉年）、小型の「こども安定型」（１９７５〈同50〉年ごろ）を発売。一方、１９８０年代に試作したカラー品はモニター調査で不評で、「安心感」で勝る赤茶色を通した。

中央の刻印「ひげのおじさん」は、１８００年代後半に空気入りタイヤを実用化したアイルランドの獣医師、ジョン・ボイド・ダンロップ。「氏の刻印を入れた製品はほとんどなくなった」（住友ゴム工業広報部）といい、歴史を際立たせる。

２００８年の国内市場は約20万個、１

億9000万円。冷却枕などに押され1998年比約7割減だが、中高年や病院の需要は根強い。同社は約5割のシェアを維持する（いずれも同社推定）。熱帯夜の安眠用としても見直され、製造販売子会社ダンロップホームプロダクツ（大阪市中央区）の神原昭夫企画部課長は、「健康志向の若い女性層にも売り込みたい」と、100歳到達へ手を添える。

（内田尚典　2010年6月15日）

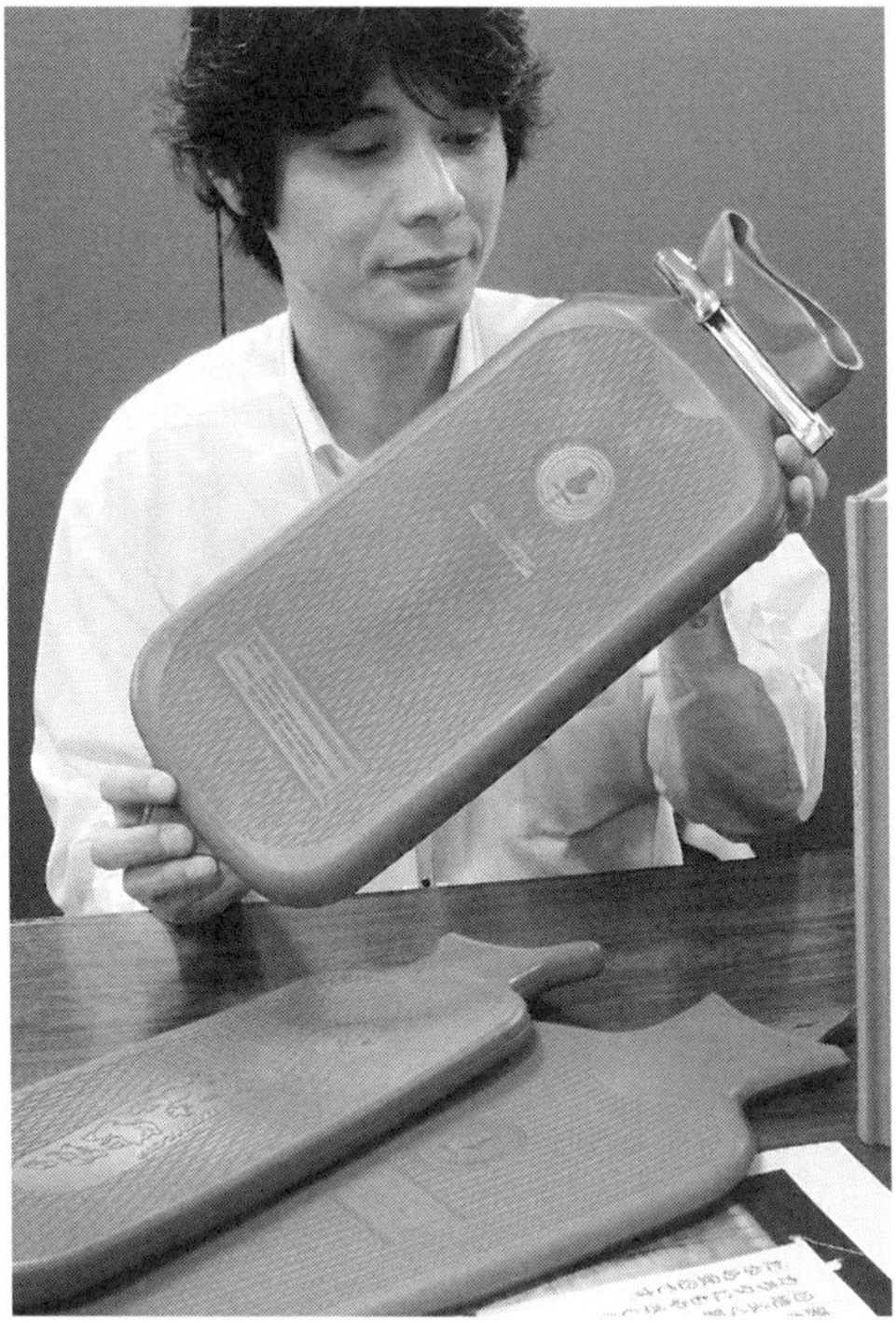

世代を超え親しまれてきた水枕。「記念誌もまとめた」と神原昭夫さん＝大阪市中央区博労町4、ダンロップホームプロダクツ

住友ゴム工業／最先端のコンピューター技術を駆使し低燃費タイヤや高性能ゴルフボールの開発にしのぎを削る一方、ゴム手袋やスポンジたわしなど生活に密着した製品も手掛ける。製薬用の容器に使われるゴム栓など医療用ゴム製品の生産も強化している。2011年12月期の連結売上高は約6769億円。従業員数（単体）は約6200人。

専業の強み、色鮮やかに

糸ゴム

■**丸榮日産**

糸のように細いから「糸ゴム」。0・15〜2ミリの細さでありながら7〜8倍は優に伸びる。伸縮ネット包帯、競泳用水着、紙おむつ、釣り用の疑似餌…。多彩な製品の機能を支える優れモノ。その国内唯一の専業メーカーが、創業90年を超す丸榮日産（明石市）だ。

ミシン糸のようにボビンに巻かれた製品は輪ゴムと見まがうが、「製法は全く違う」と丸山高史社長。輪ゴムが筒状のゴムを切断するのに対し、糸ゴムは薬品を混ぜ、幅1メートル、長さ数百メートルのシート状に圧延した後、裁断する。

創業者は丸山社長の祖父、故繁治氏。大正時代、ダンロップ護謨《ごむ》（現・住友ゴム工業）から独立して神戸市灘区で創業した。1930年代に糸ゴムの新製法を開発。それまで高かった輸入依存度を一気に低下させたという。

現存するメーカーは4社あるが、「専業」の同社の強みは色鮮やかさ。鮮やかなピンク、蓄光機能を備えた「光るゴム」はその代表だ。糸だけでなく、幅のあるゴムテープもあり、数年前に流行した「巻くだけダイエット」のバンドも手掛けたという。女性用競泳水着の脇や首部分の部材では国内シェア9割超を誇る。
つくり手自身、用途が分からないまま出荷しているケースもしばしば。「でも、なくなれば、お客さんが困るものばかり」。使命感と自負とともにオンリーワンの歴史を伸ばし続ける。

（広岡磨璃　2012年4月11日）

色や性質が多様な糸ゴムやゴムテープ。「ほぐれ加減も、顧客の要望に応じて変えます」と丸山高史さん＝明石市硯町3

丸榮日産／1919（大正8）年、神戸市灘区で創業。戦後、丸榮ゴム工業所として長田区で再出発。1969（昭和44）年、現社名に変更し、1991年に現本社に移転した。生産拠点は岩美工場（鳥取県）。取引先は大手から町工場まで500社以上。2012年2月期の売上高約10億円。従業員数は同年7月時点で47人。

台所から精密工場まで

作業用手袋

■ショーワグローブ

皿洗いに農漁業にと、手が荒れがちな水仕事に欠かせない塩化ビニール製手袋。ショーワグローブ（姫路市）が1954（昭和29）年、世界に先駆けて完成させた。「創業者の『日本人に役立つ物を』という強い思いがあったよう」と、加藤靖雄総務グループ長。

創業者である故田中明雄氏の胸にあったのは、出征先の中国で体験した激烈な寒さ。凍傷にかかる仲間が相次ぎ、手を守ることの大切さを痛感した。復員後、万年筆のインクチューブを製造した際、材料に使った塩化ビニールの柔軟、耐久性に目を付けた。

液状の塩化ビニールに手形をひたした後、表面に細かい毛を植え付ける。むらなく焼き固め、機械で手形から裏返すようにはがし取れば、裏毛付きの手袋の出来上がり。2年ほど開発に試行錯誤した末、売り出すと好評を博した。

「人のまねはしない」を信条に、ビニール製以外の新製品も投入。細かな手の動きを助けるポリウレタン製のタイプは精密機器工場で使われ、手のひらの部分に天然ゴムを張ってすべり止め効果を高めたものは運送業で受けており、品種はざっと2000にまで増えた。
海外進出や企業買収にも力を入れた結果、今や加工手袋で世界2位のシェアを占める。

加藤さんは「役立ちたい対象が日本だけでなく、世界中の人に広がった。手袋のことしかできないけど、手袋でできないことはない会社でありたい」。

（佐伯竜一　2010年8月24日）

ショーワグローブが世界で初めて製品化した塩化ビニール製の手袋。機能、デザイン面などたゆまぬ進化が続く＝姫路市砥堀

ショーワグローブ／1954（昭和29）年に前身の尚和化工設立。製造ラインの設計まで自社で手掛ける独自性が強み。抗菌防臭加工も得意技術の一つ。2012年3月期の単体売上高は159億7000万円。従業員数は約360人。

需要に先駆け製品化

省エネベルト

■バンドー化学

遅咲きとでも言おうか。伝動ベルト大手、バンドー化学（神戸市中央区）の産業機械用V型ベルト「省エネレッド」は、製品化当初、つまり1990年以前は目立たない存在だった。

V型ベルトは断面がV字の形状で、このうち省エネタイプは内側に等間隔の切り込みが入っている。ベルトがプーリ（滑車）の外径に沿って滑らかに曲がるようにし、動力の伝達ロスを減らして消費電力の低減につなげる。だが、伝動事業部技術部の野口忠彦部長は「バブル景気のときには見向きもされなかった」と振り返る。

環境意識が高まった1990年代後半、同社は省エネレッドの営業を強化した。平均3～4％という省エネ効果を顧客に実感してもらうため、生産現場で実際に使われる空調機、送風機の駆動部にサンプル品を提供。消費電力の比較を示すと、徐々に需要が広がった。

改良も重ねた。コンピューターによる模擬実験で切り込みの間隔や形状を微調整し、曲がりやすさと耐久性を向上させた。

手間をかけている分、定価は通常のV型ベルトの1・5倍に設定するが、20

08年度の販売額は2003年度比で3倍近い伸び。07年にはベルト幅が細く、省スペース化や騒音低減効果がある「省エネパワーエース」も発売した。

野口部長は「V型ベルト全体の販売額に占める省エネ製品の割合は着実に高まってきた」と力を込めた。

（内田尚典　2010年4月20日）

V型ベルトの省エネシリーズを抱える野口忠彦さん。計算された切れ込みが動力の伝達ロスを防ぐ＝大阪府泉南市男里5、バンドー化学南海工場

バンドー化学／1932（昭和7）年に国産初のV型ベルトを販売した。近年は環境をテーマに材料ゴムの配合、ベルト形状の設計力を磨く。Vベルトの高機能化に努める一方、より高い省エネ効果を目指し、平ベルトシステムを製品化した。2012年3月期の連結売上高863億7200万円。従業員数は約1300人（単体）。

革靴のイメージを一新

ウオーキングシューズ「ペダラ」

■アシックス

革靴とは思えないほど軽い。靴底は柔らかく足になじむ。雨の日も滑りにくい。通勤や買い物など普段でも使える「ウオーキングシューズ」という新ジャンルを切り開いて30年近く。アシックス（神戸市中央区）の「ペダラ　ＷＰ７６１５」は、はやり廃《すた》りの激しい靴業界で異例のロングセラーとなっている。

きっかけは１９８０年代前半、創業者の故鬼塚喜八郎氏の提案だった。「オリンピックの入場行進のときなど、スポーツ選手の晴れ姿に長い時間履いても足を痛めにくい革靴をつくろう」。固くて重い革靴のイメージを払しょくしようと開発が始まった。

競技用シューズで培ったノウハウをつぎ込んだ。クッション性の高い発泡性ゴムを靴底に、革の部分のかかとは足を固定するためしっかりと、指回りは逆に柔らかく。こうして足にまめができたり、関節が変形したりしないようにした。

１９８３（昭和58）年から販売を開始。当初は若者を中心に売り出したが、「履きやすい」と好反応を示したのは50歳以上の中高年層。飛ぶように売れた。ウオーキングシューズの開発を担当する柴崎隆浩主事は「うれしい誤算。潜在ニーズを掘り起こせた」と分析。現在も、当時のデザインを継承している。

ペダラは、ギリシャ語で人間の足の意。足が持つ本来の機能を最大限引き出すようにとの思いが、幅広い層に受け入れられている。

（三宅晃貴　2010年1月12日）

固くて重い革靴のイメージを変えた「ペダラ　WP7615」＝神戸市中央区元町通1、アシックス歩人館神戸元町

アシックス／ペダラは全国の百貨店や直営店で販売。女性用は1万6800円など、男性用は「WP7336」の型番で2万2050円（いずれも税込み）。2012年3月期の連結売上高約2477億9200万円のうち、海外が6割を超える。従業員は約5200人。

超精密加工に威力発揮

合成ダイヤモンド

■住友電工ハードメタル

直径1センチ以上、10カラットのダイヤを前に、心穏やかでいられるだろうか。その製造会社が兵庫にある。住友電気工業（大阪市）の完全子会社、住友電工ハードメタル（伊丹市）。国内で唯一、世界では2社だけの工業用合成ダイヤモンドメーカーだ。

地球上の物質で最も硬いダイヤ。数十万分の1ミリ単位という精密な金属加工のための切削工具、砥石の研磨材などとして威力を発揮する。とっておきの素材とあって生産量や価格は非公表だが、「天然の原石に比べて安くはない。海外向けの工具需要の伸びなどで、売上高は前年比約1割のペースで増えている」。

住友電工がダイヤ開発を始めたのは1970年代。主力の電線をつくるため、材料の金属を細く延ばす工具が必要だった。1982（昭和57）年、1・2カラットの合成に成功。ギネスブックに世界一大きい人工ダイヤとして掲載され、トップ企業に躍り出た。

研究開発担当の泉健二主査は、独自の製造工程を真珠の養殖にたとえる。「種《たね》」として直径100分の5ミリ程度の天然または合成ダイヤを用意。原料の炭素粉とともに5万気圧、1400度以上の高温高圧の装置内に入れると種の周囲で粉が結晶化して大きくなる。

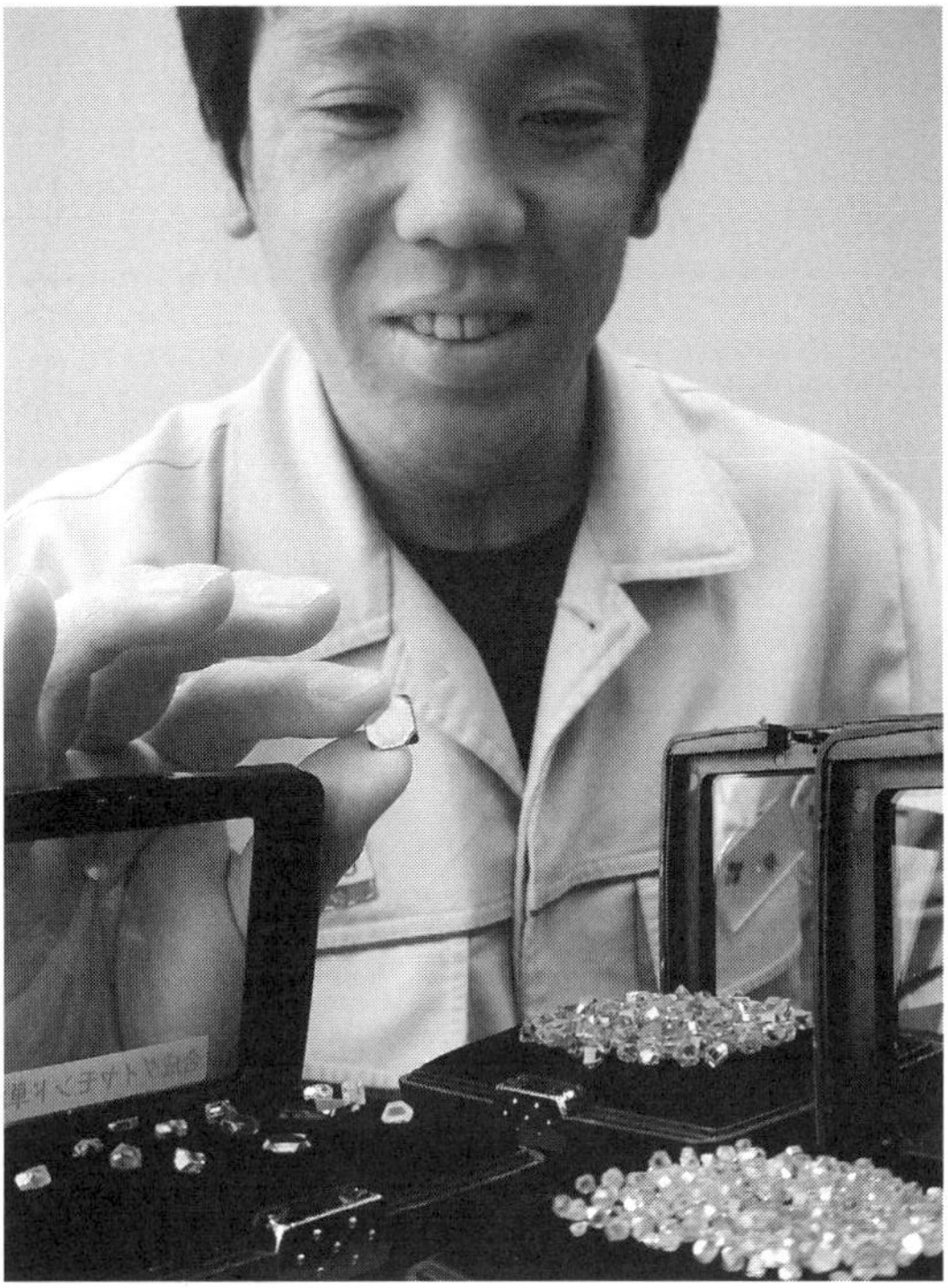

合成ダイヤモンドの大粒サンプルを手にする泉健二さん＝伊丹市昆陽北1

不純物を減らして無色透明にする技術を確立、分析装置の部品などに用途が広がった。泉主査は「車などの身近な製品づくりに役立っていることを知ってほしい」と胸を張った。

（内田尚典　2012年6月13日）

住友電工ハードメタル／住友電気工業から2003年に分社化した切削工具専業メーカー。超硬合金やダイヤモンドの工具、レーザー加工機用の光学部品などを手掛ける。2012年3月期の売上高約670億円。従業員550人。

マンホール

■イトーヨーギョー

マンホールと聞いて、道路にある円形の鉄板を思い浮かべる人も多いのではないか。「あれはふた。マンホールはその下にあるコンクリート製の穴です」と、イトーヨーギョー（神戸市灘区）の加西工場長、廣田義和さん。自らの背丈を超す製品に触れながら、「下水道などを管理する作業員の出入り口。高さ1メートルから大きいものは8メートルくらいのものまである」。

同社が製造を始めたのは1960年代前半。当時は埋設場所に穴を掘り、コンクリートを直接流し込んで成形していたが、周辺の土壌に水気が多い場合は作業効率が悪く、品質にも悪影響を与えていた。そこで事前に工場でつくったブロックを現場で組み立てる工法を発案、1972（昭和47）年に神戸市と共同で製品化させた。

コンクリートは、砕石やセメントにほぼ同じ分量の水を混ぜてつくるが、水の割合を抑制した製法を採用。マンホールの型に流し込んだ後、振動を加えて流動化させ、圧力をかけて固める。水を減らすことで強度が高まり、腐食の原因となる鉄筋も使わずに済み、寿命を大幅に延ばしたという。

加西市の工場で生産。兵庫の自治体を中心に約50万基を納めた。約10年前には、添加材に下水の汚泥焼却灰を使った環境配慮型を投入した。「社会のニーズを拾っていい製品にしたい」と廣田さん。目にとどまりにくい地味な存在ながら、高品質を追い求める自負心をのぞかせた。

（佐伯竜一　２０１１年11月９日）

マンホールの多くは、年に１度使われるかどうかというが、「いつでも同じように使えて当たり前。品質管理に手は抜けません」と、廣田義和さん（左）＝加西市池上町

イトーヨーギョー／１９５０（昭和25）年、建材の販売会社として明石市に設立。コンクリート会社に資本参加し、マンホール製造などを手掛けた。近年は、排水機能付きの道路用縁石「ライン導水ブロック」などに注力。２０１２年３月期の売上高は２１億５９００万円。従業員数は１２０人。

「ご当地もの」も100種類

マンホール鉄ぶた

■虹　技

街を歩けば必ず目にする身近な存在。足元で暮らしを支えるのは、全国に1300万個以上あるというマンホールの鉄ぶただ。鋳物などを手掛ける虹技（姫路市）は大手5社の一角で、1966（昭和41）年から生産を続ける。

鉄ぶたの進歩は、日本の経済・社会の進展と重なる。高度経済成長期で下水道整備が本格化した当初は、コンクリート製が主流だった。その後、丈夫な鉄製が主流となり、鉄ぶたを固定する構造も改良。バブル期には、市町村の特色をデザインした「ご当地もの」が人気を集め、同社も最大200種類を手掛けた。今も100種類を製造し、姫路の市花「サギソウ」をあしらった製品などをそろえる。

1998年に高知県で豪雨のためふたが流失し、転落死亡事故が発生して以降は、安全に重点が置かれるように。豪雨では、大量の雨水でマンホール内の水圧が上がり、ふたを押し上げる恐れもあるが、2008年に発売した高機能品は支持構造を2段階にすることで、内圧を外に逃し、流失しにくいようにした。越中俊雄取締役は「踏んだときにふたがガタつかないことと、開けやすさを両立でき

花や風景など地域の特色を描いたマンホールの鉄ぶたを示す越中俊雄さん。摩耗しにくい特殊な塗装を施しているという＝姫路市大津区吉美、虹技姫路西工場

たのも画期的」と胸を張る。

現在、多くが耐用年数を超えているといい、「高機能品への更新が少しずつ進んでいる」と越中取締役。あなたの街の鉄ぶたも、気がつけば〝新顔〟になっているかもしれない。

（広岡磨璃　2011年9月21日）

虹技／1916（大正5）年、神戸・長田で「神戸鋳鉄所」として創業。1993年から現社名に。マンホールの鉄ぶたの場合、砂に120トンの圧力をかけ製造した鋳型を使用。1分間に1個を生産する。このほか、大型鋳物や鋳鉄棒、金属繊維なども手掛ける。2012年3月期の連結売上高は175億4000万円。グループの従業員数は同年7月時点で592人。

多様な用途、需要も拡大

チタン

■神戸製鋼所

２０１０年11月に横浜市内で開かれたアジア太平洋経済協力会議（ＡＰＥＣ）首脳会議で、日本政府はお家芸のものづくり技術でもてなそうと、チタンカップを参加20カ国の首脳に贈った。

飲み物の保冷、保温力を増すため、真空の二重構造にした高級品だ。金属容器製造「セブン・セブン」（新潟県燕市）の製品で、素材の多くを神戸製鋼所（神戸市中央区）が供給した。

神鋼は１９４９（昭和24）年、日本で初めて工業用チタンの研究開発に着手。２００８年までの累計生産量は17万トンと国内トップを誇る。

主力は、発電所向けの溶接管。発電タービンを回した蒸気を、海水で冷やして液体に戻す熱交換装置に欠かせない。佐藤廣士社長は研究員時代、過酷な条件下でも腐食しないチタン管の開発を手掛けた。

航空機向けにジェットエンジンケースの素材も好調。強度と、ステンレスの60％という軽さで安全性と燃費性能を支える。ゴルフクラブなどの趣味用品、人工関節や心臓弁など医療分野にも用途が広がった。

同社によると、需要のピークは２００

7年度だった。２００９年度は不況で半減したが、川福純司・高砂製作所チタン工場長は「７割ぐらいまで戻ってきた」と話す。世界的に需要の拡大が見込まれるといい、岡本明夫・チタン商品技術室次長は「将来、海水の表層と深層の温度差による発電など新用途も期待できる」。
　工業用から民生用まで、息の長い事業展開を目指す。

（内田尚典　２０１０年11月30日）

チタン合金でできた直径1.6メートルのジェットエンジンケース素材と岡本明夫さん＝高砂市荒井町新浜２、神戸製鋼所高砂製作所

神戸製鋼所高砂製作所チタン工場／電気溶解で純粋チタンや合金の塊をつくり、管や板に成形する「一貫生産」は国内で神鋼だけという。原料は、天然のルチル鉱石（酸化チタン）を化学反応で還元した軽石状のスポンジチタン。大阪チタニウムテクノロジーズ（尼崎市）から調達している。チタンを含む鉄鋼事業部門の２０１２年３月期連結売上高は約８５４２億円。神鋼全体の従業員数は約１万人（単体）。

シェア5割、丈夫さ自信

トタンバケツ

■尾上製作所

学校や家庭で、あるいは記憶の片隅で、いぶし銀の存在感を放つトタンバケツ。その国内シェアの5割以上を生産するのは、尾上製作所（姫路市）。板金職人だった創業者が戦前からつくり始め、1948（昭和23）年の会社設立後に本格生産を始めた。扇子に書かれた「萬年《まんねん》」マークが目印。累計3000万個を売り上げたという。

鉄に亜鉛めっきを施したトタンは、スズめっきのブリキと用途が異なり、屋根材など水に触れる部分に重宝される。バケツもその一つで、表面には、めっきの際に薬品を入れることで生じる独特の「花柄模様」が広がる。側面に刻んだ溝は「見た目のためでなく、へこみなどを防ぐための構造」と尾上和幸社長。口の部分にも鉄線を巻き込み、強度を高めている。

当初、鉄板から胴や底の材料を切り出すにもはさみを使うなど、すべて手作業だったが、1950年代にはいち早く機械化に成功。1時間で420個を生産する。3〜18リットルと容量や用途別に18種類をそろえる。

販売先はホームセンターが中心だが、

工事現場などで重宝されるトタンバケツを持つ尾上和幸さん
＝姫路市船津町

工事現場で使われる数量が多く、不況のあおりで苦戦中。節電が叫ばれるこの夏、打ち水の用途で需要が増えるのでは——

との質問に、尾上社長は「売れても安いプラスチック製でしょうね」と苦笑する。「でも丈夫さでは負けない。最後の１社になっても、トタンバケツをつくり続けます」と、自信と愛情を製品に注ぐ。

（広岡磨璃　２０１１年７月６日）

尾上製作所／兵庫県福崎町で創業。尾上和幸社長が就任した１９６１（昭和36）年に本社を現在地に移転。同時にバーベキューコンロの製造を始め、現在はレジャー関連製品が５割を超える。ほかに湯たんぽや、園芸用高級じょうろも生産する。２０１２年７月末の従業員数は29人。

高性能で低価格を実現

替え刃式のこぎり

■岡田金属工業所

「目立て（刃の補修）代と同じ値段で、さら（新品）が買える」。こんな宣伝文句で売り出された岡田金属工業所（三木市）の替え刃式のこぎり「ゼットソー」。三切れ味がよく、長持ち、そして安い。三拍子そろった製品は発売から約30年たった今も輝きを放っている。

開発のきっかけは、小さな木材を接着剤で固めた「集成材」が建築現場で広がっていたことだ。職人にとっては切りにくく、刃が傷むのが悩みだった。

「問題解決できそうだ」。当時取締役だった岡田保さん（現社長）は、特殊な焼き入れ技術を使って通常より硬い刃先を実現。硬すぎて刃先を研いで整える「目立て」ができないため、替え刃式にした。

のこぎりは左右に突き出した刃先が対称でないと真っすぐ切れない。目立てで修正できないので、ぎざぎざの一本一本の角度にまでこだわった。職人に使ってもらい、意見を聞いては修正、独自規格をつくった。

発案から1年後の1982（昭和57）年に発売。価格は職人用のこぎりの3分の1以下。4カ月で4万枚の売れ行きでピークの1990年には年間650万枚を売り切った。

精密な仕事に向いたタイプなど種類を徐々に増やし、100種近くになる。きめ細かな品ぞろえが受けて、年間400万枚前後を売る息の長い商品に育った。

「低価格と高品質で現場の悩みを一挙に解決できた」と岡田さん。現場の声に耳を傾ける姿勢は今も変わらない。

（松井　元　2011年7月20日）

発売から約30年にわたって人気のゼットソーを手にする岡田保さん＝三木市大村

岡田金属工業所／1943（昭和18）年創業。資本金3000万円。三木市に本社、工場を構える。木工に親しんでもらおうと、作図から工作まで楽しみながら身につく「木工応援館」を設けるなど、地元貢献にも取り組む。2011年11月期の売上高は約18億5000万円。従業員約80人。

快適でエコな風呂実現

ガス温水器「GT」シリーズ

■ノーリツ

「入浴剤のにおいをぷんぷんさせて帰宅する毎日」

ガス温水機器大手ノーリツ（神戸市中央区）が1982年に発売したガス風呂釜「GT（ガスツイン）」シリーズの開発に携わった野村秀樹・商品開発1室長の思い出だ。給湯と追いだきの1台2役をこなす製品としては画期的だった。

それまでの製品は浴槽の風呂水の上、下層部に生じた温度差によって自然に釜へ循環させて追いだきするため、浴室外壁のすぐそばに置く必要があった。GTシリーズは電動ポンプで強制的に循環させるため配管を延ばせる。釜と浴室を離せるようになり、住宅設計の自由度が増した。

開発では、水圧が高くても入浴剤の成分が釜の心臓部の熱交換器内に堆積しないよう試行錯誤。理髪店から毛髪をもらってはポンプの吸い込み口に1本ずつ流し込み、毛髪が詰まらない構造を工夫した。

今日の商品構成の基礎となり、累計販売数は約750万台。国内需要のざっと5割を占める収益の柱だ。暖房機能を備える1台3役の「GTH」も追加した。

環境意識の高まりで、ガス燃焼の排熱を再利用して二酸化炭素の排出量を抑える高効率タイプも充実。2010年3月発売の製品は、給湯側だけだった排熱利用を業界で初めて追いだき側でも実現した。

商品企画室の前城典昭副参事は「会社の原点のお風呂にこだわり、快適さとエコ生活に応える製品を送り出す」と意気込む。

（内田尚典　2010年2月2日）

GTシリーズの新製品を手にする開発担当の野村秀樹さん（右端）ら。リモコンは給湯量調節などの「エコスイッチ」を標準装備＝明石市二見町南二見

ノーリツ／1951（昭和26）年設立。家庭用風呂釜の普及に力を注いだ創業者の太田敏郎名誉会長が、戦時体験から掲げた言葉が「お風呂は人を幸せにする」。2011年12月期の連結売上高約1843億円。従業員約3000人（単体）。

さび防ぐ高い溶接技術

家庭用貯湯タンク

■精和工業所

割安な夜間電力を利用し、電気ヒーターでお湯を沸かす家庭用電気温水器。その湯をためるステンレス製タンクで国内シェア3割を誇るのが精和工業所（伊丹市）だ。外観からは簡単に製造できそうに見えるが、社長の山下清一さんは「ステンレスも加工によって、さびない特性が低下する。それを防ぐ溶接技術が、わが社の強み」と胸を張る。

電気温水器は1960年代後半から普及し、業務用厨房機器を手掛けていた先代社長が1968（昭和43）年、将来性を見込んで参入。今では、各メーカーの電気温水器などのタンクが主力製品だ。

ただ加工によるステンレスの特性低下に加え、中に入る水も60度以上になると溶接部分を浸食する。「タンクが1年でさびる場合も」と山下さん。保守なしで15年の品質保証が求められるタンク製造の鍵は、溶接だ。具体的な技術は「秘密」だが、素材に極力影響を与えない方法という。

「溶接は人の手に頼る仕事で、人を育て続けることが生命線」と力を込める。日本工業規格（ＪＩＳ）適合のステンレスであっても、わずかなばらつきがあり、

出荷するタンクを前に「溶接は奥深い」と語る山下清一さん＝伊丹市北本町３

その違いに応じた溶接は機械にはできないという。

高い溶接技術で、航空機分野へも進出を果たした。米ボーイングの最新鋭中型旅客機７８７に貯湯タンクが採用された。全日本空輸が世界で最初に就航させるため、山下さんは「もちろん搭乗します」と笑顔を見せる。

（段　貴則　２０１１年７月13日）

精和工業所／１９６２（昭和37）年創業。資本金２４００万円。本社工場のほか、奈良県と京都府にも工場を構える。ヒートポンプ式給湯器に加え、燃料電池の重要部品「改質器」の生産も手掛けている。２０１１年９月期の売上高は約31億円。従業員数は約１９０人。

動力要らずで荷物運搬

コロコンキャリヤー

■オークラ輸送機

荷物を載せるとコロコロコロと流れていく。レールに「コロコン」と呼ばれる車輪を等間隔に装着したこの簡易型コンベヤーは1955（昭和30）年に生まれた。日本のコンベヤーの先駆け的存在であるとともに、オークラ輸送機（加古川市）を、現在のコンベヤーメーカーに方向づけるきっかけとなった製品だ。

創業者の故大庫源次郎氏が、そろばんの上にライターを乗せたところ、さーっと転がっていくことにヒントを得て開発した。人手や大八車で荷物を運んでいた当時、設置のしやすさや女性でも持てる軽さをアピール。価格は当時の自転車に合わせ、5000円にして売り出したところ、高度経済成長の流れに乗り、大ヒットした。ザ・ピーナッツの前身となるグループが「コロコン」を連呼するCMソングを歌った——というエピソードも年季を感じさせる。

もともと、ナイフなどの刃物や草刈り機のほか、多木化学など大手企業の機械のメンテナンスをしていた同社。ヒットを機にコンベヤーに注力し、今ではコンベヤーと周辺機器で国内シェアの5割を占める。

これまでに500万本近くを販売。生産拠点の加古川東工場長、秋山忠穂理事は「電気が要らず、低コストな点が受け、今の時代に見直されている」と話す。

買い替えを含め、現在も月産2000本ペースで売れる現役ランナー。その道のりは軽やかに未来へと続く。

（広岡磨璃　2010年12月14日）

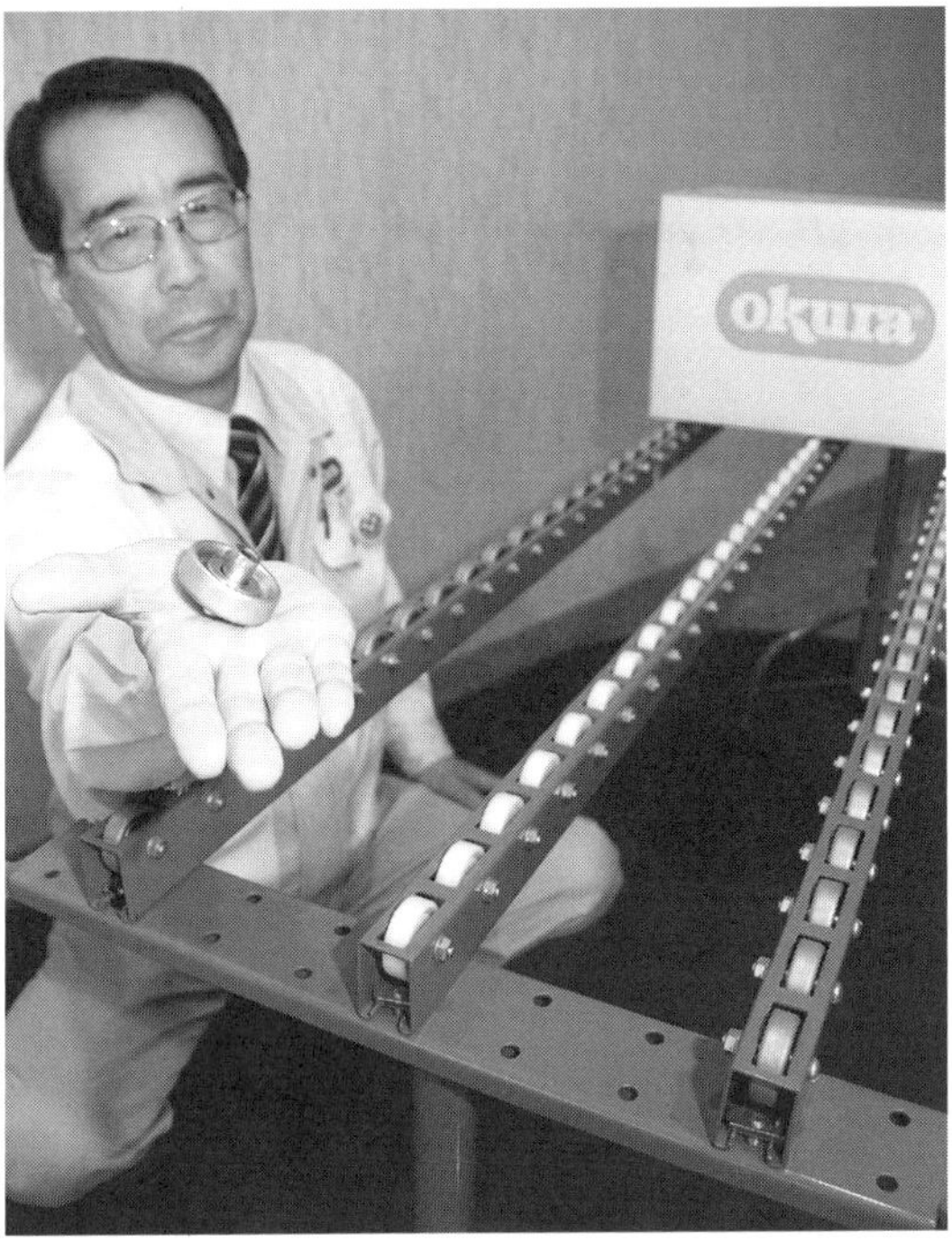

簡易型コンベヤー「コロコンキャリヤー」を示す秋山忠穂さん。車輪は鉄製や樹脂製など用途に応じて取りそろえる＝加古川市平岡町高畑、オークラ輸送機加古川東工場

オークラ輸送機／1927（昭和2）年、大庫鉄工所として創業。コロコンから派生した「ソロバンコンベヤ」や、丸洗いできるコンベヤー「ジャブコン」など、ほかにも簡明な名称の製品は多い。2010年8月、中国にも生産拠点を設けた。2012年3月期単体の売上高は186億円。従業員数は421人。

日本の宇宙開発支える
MIケーブル

■岡崎製作所

国産ロケットが正常に飛んでいるか、それを監視するのが岡崎製作所（神戸市中央区）の温度センサーだ。最新のH2Bロケットにも搭載。燃料や電子機器などの温度を計測し、異常の有無をモニターする。その中核部品「MIケーブル」は、同社が世界トップの生産量を誇る。

MIケーブルは、電線を酸化マグネシウムなどで包んだ構造。熱や衝撃に強く、宇宙や原子炉など過酷な環境下で電力も送り、電気信号も伝える。

ロケット用になると、振動や衝撃に耐えながら、約1000度からマイナス250度以下までを計測できる。

岡崎一雄会長は「温度計測のオリンピックみたいなもので、各分野で頂点の性能が求められる」と胸を張る。その結果、国産ロケット向け温度センサーでシェアを独占する。

かつては貿易会社で、米国の企業から輸入し、火力発電所などに販売していた。製品の細かい特性を説明するには自ら製造しなければ分からない、と1972（昭和47）年から自社生産を始めた。

最先端の分野に進出することで、技術力を磨いてきた。2010年には直径

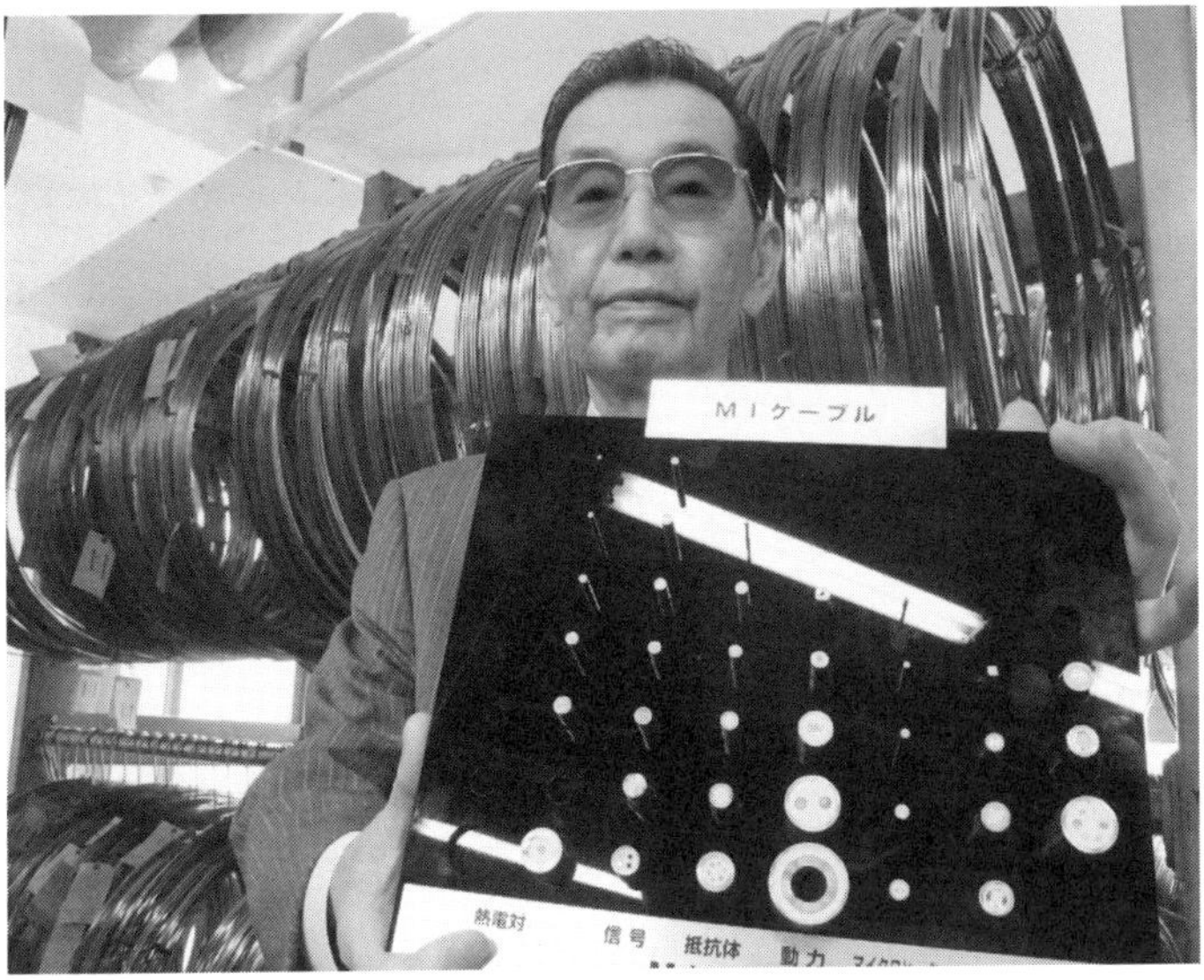

MIケーブルの断面模型を持つ岡崎一雄さん＝神戸市西区室谷1

0・08ミリの極細MIケーブルを開発し、ギネス記録に認定。医療や燃料電池などの研究開発の現場でも使われている。「零度は零度。温度という原理原則は変わることがない。脇目を振らず、この道を究める」と岡崎会長。飽くなき挑戦が続く。

（土井秀人　2012年9月26日）

岡崎製作所／1954（昭和29）年、前身の岡崎貿易設立。1966（同41）年、現社名に変更。1960年に米国のMIケーブルメーカー、ARiと極東総代理店契約を結び、1980年には同社を買収。2012年3月期の売上高は約110億円。従業員約280人。

大阪万博で一挙に普及

コインロッカー

■グローリー

旅行や出張の際に便利なコインロッカー。グローリー（姫路市）は1965（昭和40）年、日をまたいで管理できる「日送り装置」を備えたターミナル用を開発した。今でも六十数％のシェアを握る国内トップ企業だ。高さ1メートル79センチ、1列の幅42センチというサイズは、ほとんど変わっていない。

発売当時、手荷物は預かり所に託すのが一般的だった。1964（同39）年に他社が国内初の製品を発売していたが、数台程度しか出ていなかった。

そんなコインロッカーに注目が集まったのが、1970（同45）年の大阪万博。来場者が一挙に押し寄せる事態を想定し、国鉄（現JR）が新大阪、大阪駅などにグローリー製を導入したことで、存在が知られるようになった。

使ってみると、荷物を出し入れする時間を短縮でき、人件費も抑えられる。採用は全国の鉄道やバス会社、空港などに広がった。

見た目は同じでも、機能は進化を続けている。荷物の多様化に合わせて1台の扉の数が少ない型をそろえたほか、大きめのバッグを横にしても入るよう奥行きを7センチ拡大した。最近は、鉄道会社のICカードで支払えるタイプも投入している。

「ずらりと並んだ扉が、絵や広告を載せるスペースとしても使われるようになりました」と、販売を担当するグローリーサービスの中田良弘社長。販売累計6万1000台。今やその存在は、日本の駅に欠かせない。

（佐伯竜一　2010年6月8日）

グローリーのターミナル用コインロッカー。サイズは発売当初とほぼ同じ＝大阪市北区曽根崎1

グローリー／1918（大正7）年に創業。貨幣処理機を主力とする縁で、硬貨を入れるコインロッカーを手掛けた。当初の使用料は1回50円で、現在は300～800円ほど。グループの全国納入先の中で、1カ所で最も多いのは約400台のJR大阪駅という。2012年3月期の売上高は1469億3700万円。従業員数約9000人。

先端技術でシェア首位

F型台はかり

■大和製衡

「大和のはかり」で知られる計量機器の国内大手、大和製衡（明石市）には、モデルチェンジから約60年を経た今も、トップシェアを守り続ける製品がある。

F型台はかり。てこの原理を利用した計量器で、主流のデジタル式と違い、電源がいらないのが特長だ。20キログラムから最大2トンまで対応し、農家や魚市場、米販売店に加え、船上や電気が使えない工場向けなどに、今も根強い需要があるという。

長尾武好執行役員は「モデルチェンジからほとんど変わっていない。それだけ当時、画期的な先端技術を導入した証拠」と胸を張る。

1953（昭和28）年のモデルチェンジは、精度向上と大量生産化が狙いだった。てこの支点に当たる中核部品の焼き入れを工夫し、金属の表面だけを硬くすることで、計量による摩耗劣化を防止。さらに木製から金属製に変えて、精度と耐久性を向上させた。

もちろん、デジタル式の計量器も手掛ける。ミックスベジタブル用など、数種類の食品の計量と混合を、1台で同時にコンピューター処理する「組み合わせ計量機」といった最先端製品もそろえる。すでに、F型台はかりの売上高は全体からみるとわずかだ。

「それでも、お客さんの要望に応えるためにつくり続ける」と長尾執行役員。「先端技術でF型台はかりを改良・普及させた精神を受け継ぎ、新たなロングセラーを生み出したい」と力を込める。

（段 貴則 2010年7月20日）

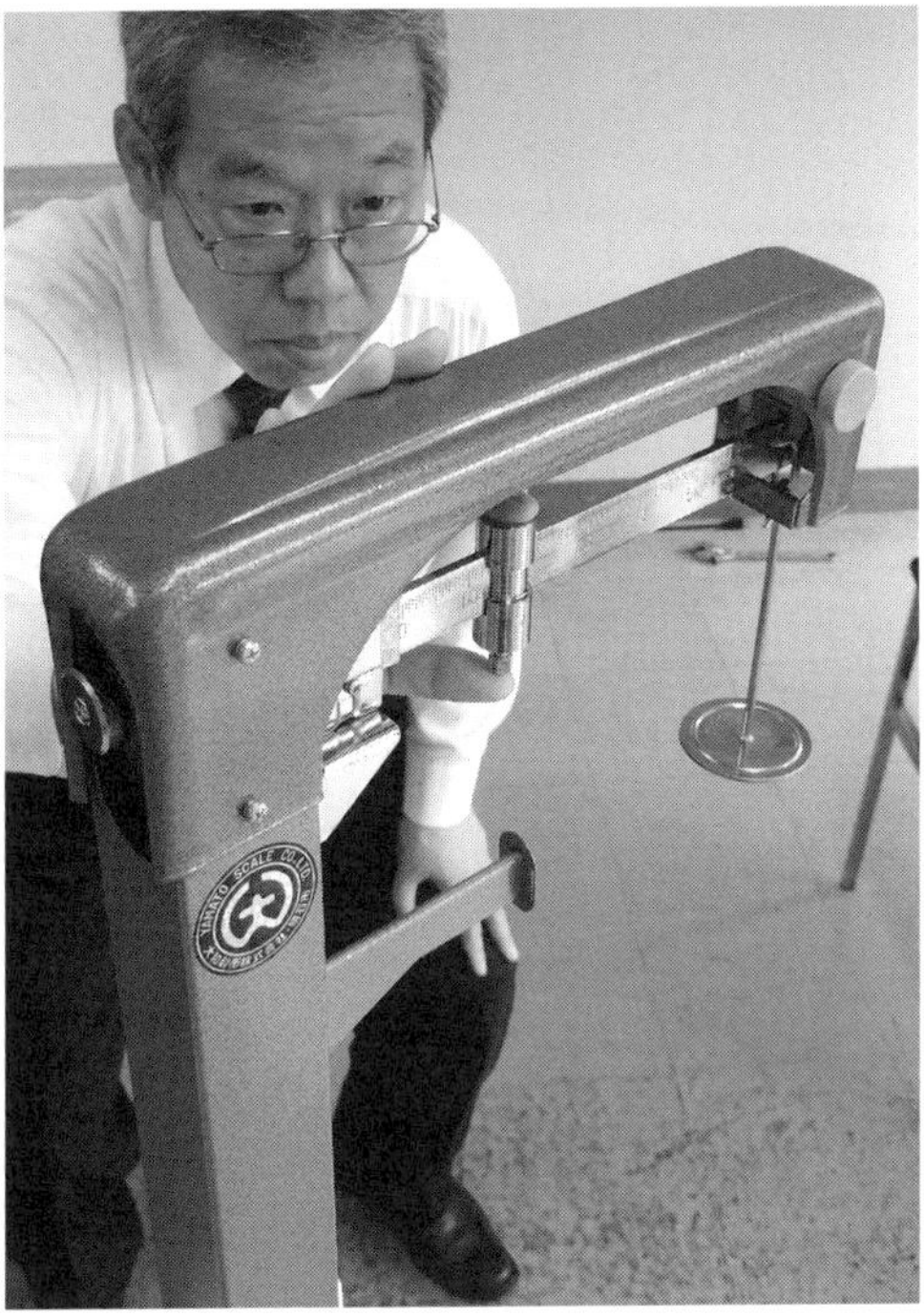
国内トップシェアを誇るF型台はかり＝明石市茶園場町

大和製衡／1922（大正11）年、川西機械製作所の製衡部として創業。1945（昭和20）年、大和製衡として独立した。はかり専門の国内大手メーカーで、食品や小売り、重工業向けなどを全世界に供給している。2012年3月期の売上高は約131億円。従業員数は約450人。

ハイテク支える〝触覚〟

微差圧計「マノスター」

■山本電機製作所

手のひらサイズの計器が並ぶ展示コーナーに、古めかしい1台が飾られている。「国産第1号の微差圧計」。展示品は1961（昭和36）年、山本電機製作所（神戸市長田区）が初めて生産したうちの1台で、山本博和社長は「一見、地味な装置がハイテク産業を支えている」と胸を張る。

0・1パスカル単位というほんのわずかな気圧差を監視・制御する。屋内の気圧を高めて外気の侵入を防ぐ半導体工場などで異変を知らせる〝触覚〟だ。

1961年当時、山本社長の父が興した山本電気計器製作所として、神戸港に寄港した船の計器類を修理していた。あるとき、その腕を見込まれ、大手企業から声がかかった。「米国製の微差圧計は高価。日本で安くつくれないか」。国産化のきっかけだった。

当初は売れなかったが、改良を重ね4年後、「マノスター」ブランドで発売。マノメーター（圧力計）に「星のように輝こう」とスターを組み合わせた。

用途は今や半導体、医薬品、食品の製造現場に加え、原子力施設や病院の手術室などにも広がった。「新型インフルエンザ対策や花粉症対策など、私たちにも想像できない場所で使われている」と山本社長。

その成長性を見込んで新規参入のライバルも増えてきた。多品種少量で手作業の工程もあるが、故障すれば設置場所によっては大事故につながる。「信頼が一番。誇りと責任を持ってつくり続ける」。山本社長は力を込めた。

（段　貴則　2010年2月23日）

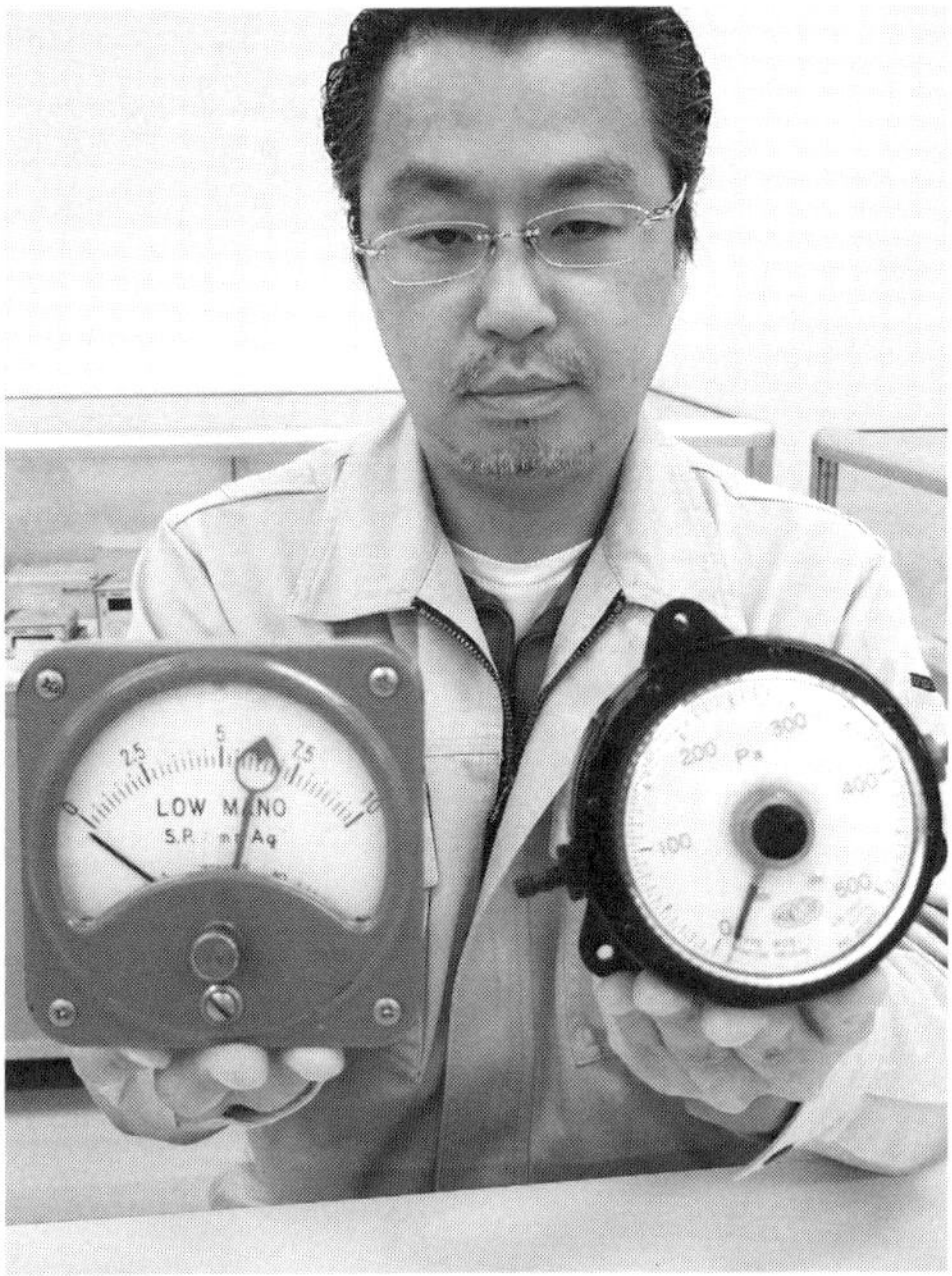

国産第1号の微差圧計（左）と現在の微差圧計＝神戸市長田区西尻池町1

山本電機製作所／1948（昭和23）年、山本電気計器製作所として神戸市須磨区で創業。1971（同46）年に法人化し、現社名に。国内最大手の微差圧計と、ガスタービン周辺機器が事業の2本柱。資本金3000万円。2011年度の売上高は16億6000万円。2012年8月時点で従業員数は107人。

高機能、家電内部で活躍

高分子湿度センサー

■神栄テクノロジー

指でつまめるほどの小さな部品が、家電製品で重要な役割を果たす。表面に塗った高分子膜が水分を感知し、電気抵抗の変化によって湿度を測る。加湿器や除湿器、エアコン、換気扇…。さまざまな家電製品に搭載され、その国内シェアは5割に達する。

高分子湿度センサー「シンエイ・ヒューメント」。老舗商社・神栄（神戸市中央区）が1977（昭和52）年に発売し、今は子会社の神栄テクノロジー（同）が扱う。

誕生のきっかけになったのは1970（同45）年、京都府綾部市にあった神栄の製糸工場で生糸の湿度管理のために開発した湿度計だ。「自社の経験を生かした独自製品を」と商品化に着手した。

研究機関やビルの空調向けなど、世界に先駆けた商品開発を重ねるうち、大量生産が可能に。その後、耐久性を高めたタイプを1983（同58）年に発売。湿度管理が求められるコピー機、大手園芸メーカーのビニールハウス、自動車のエアコン、半導体の工場などに採用された。

老舗商社のパイオニア精神が生んだロングセラー。今や国内外で多岐にわたる活躍ぶりだ。
2011年9月、28年ぶりに改良を加えた新製品を発売した。水分の多い冷蔵庫にも搭載できるよう耐久性を高めた。

わずか1センチ前後のサイズで高性能を発揮する高分子湿度センサー＝神戸市中央区港島南町6、神栄グループＲ＆Ｄセンター

「野菜を乾燥させずに保存できる機能を強化したいという顧客ニーズに応えた」と開発技術部の奥村聡部長。「今後も新分野に参入していきたい」と意気込む。
（石沢菜々子　2011年10月12日）

神栄テクノロジー／神栄の100％子会社。2007年4月設立。資本金4億円。神戸・ポートアイランドに研究所を設け、湿温度をはじめ、ほこりや花粉などを感知する各種センサーを開発・販売する。湿度センサー関連機器の売り上げは約3割を占める。神栄グループの2012年3月期の売上高は464億4600万円。従業員数662人。

健康診断、陰のヒーロー

血球計数装置

■シスメックス

実物を見たことがなくても、誰もが一度はお世話になっている。シスメックス（神戸市中央区）の血球計数装置は、からだを見守る陰のヒーローのようだ。

健康診断で採血された血液は、病院などの検査機関で同装置にかけられる。赤血球や白血球を分析して病気の有無や進行度を判定、医師が治療方針を決める際のデータを提供する。

同社は血球計数検査分野で国内シェア約7割、世界でも4割を占める最大手メーカー。170カ国以上で約10万台が動いている。

国内初の自動血球計数装置ができたのは1963（昭和38）年。音を電気信号に変換する拡声器の技術が基になり、電流の変化で血球を見分ける。それまでは、専門の技術者が顕微鏡で数えていたという。最新型では血液検体をセットするだけで、1時間に最大900人分を検査できる。

装置はすべて兵庫県製だ。神戸市西区で研究開発し、加古川市の工場で生産する。血液の濃度を調整したり、目的の血球だけを取り出したりする試薬は、小野市など世界8拠点でつくる。

病院で機器を扱う臨床検査技師の緊張を和らげるため、曲線を多用した最新型の血球計数装置。2011年度のグッドデザイン賞を受けた＝神戸市西区室谷1、ソリューションセンター

「血液の中には、未知の情報がたくさん入っている」と取締役技術開発本部長の渡辺充さん。健康診断の延長線でそうした情報を解析して将来の健康状態を予測し、スマートフォン（多機能携帯電話）などに伝える仕組みを研究中だ。

「病気になる確率や飲酒の許容量など、血液から分かることを提供し続けたい」と意気込む。

（高見雄樹　2012年5月16日）

シスメックス／音響機器メーカー東亜特殊電機（現TOA）がつくる医用機器の販売会社として、1968（昭和43）年に東亜医用電子が発足、1972（同47）年に製造部門を譲り受けた。1998年に商標と同じ現社名に変更。2012年3月期の連結売上高は1347億円。従業員約5000人。

部品数万点、技術の結晶

タービン発電機

■三菱電機

1921（大正10）年、神戸にあった三菱造船の電機製作所を母体に設立された三菱電機。当時から生産が続くタービン発電機は、発祥の地・神戸にある電力システム製作所（兵庫区）の製品群の〝顔〟だ。

世界最大級の製品になると全長20メートル、幅8メートル、高さ5メートル、総重量800トンという規模。入社以来、発電機一筋という回転機製造部主管技師長、三尾幸治さんは「1機で、神戸市内の全電力をまかなえますよ」。

タービン発電機は、火力発電所や原子力発電所で使う。電磁石がつながっている軸をコイルで覆う構造で、蒸気などを大きな羽にあて、軸を高速回転させて電気を起こす。暮らしや産業を支える電気需要の高まりに対応し、大型化や高効率化が進んでいる。

三菱の国内シェアは約5割。関西の電気の大半が同社の発電機で生み出され、「神戸の100万ドルの夜景も、当社の発電機製」。新興国を中心に海外需要は右肩上がりで、神戸製の発電機の約9割が神戸港から輸出される。

発電機の内部温度は100度を超え、

「部品の形状1つ1つが技術の結晶」というタービン発電機＝神戸市兵庫区和田崎町１（撮影・笠原次郎）

巨大な軸が高速で回転する。部品は計数万点。「厳しい条件下で使うだけに、積み上げてきた技術や従業員の技能など総合力が問われる」と三尾さん。

２００９年、米寿を迎えた企業の総力を挙げたものづくりが、神戸で脈々と続く。

（段　貴則　２００９年11月17日）

三菱電機／三菱電機の前身・三菱造船が１９０８（明治41）年、タービン発電機の国産第１号機を長崎で製作。三菱電機は２０１１年度末までに１９７５台を納入し、うち中大型機の生産拠点・神戸で６８０台を手掛けた。２０１２年３月期の連結売上高は３兆６３９４億円。電力システム製作所の従業員数は約１４００人。

神戸発、選挙の必須道具

ハンドマイク

■ＴＯＡ

イベントの人員整理や選挙活動などでよく見るハンドマイク。実は、神戸生まれだ。メガホンに、マイクと音を増幅するアンプ、スピーカーを一体化した携帯型の拡声機。１９５４（昭和29）年、「電気メガホン」として世界で初めて世に出た。

誕生のきっかけは偶然だった。東亜特殊電機製作所（現ＴＯＡ）を起こした中谷常太郎氏が戦後すぐ、進駐軍の払い下げ品置き場を歩いていたとき、ラッパのような物体が目に留まった。内側に筒状の突起があり、これが内側で音を反響させることが分かった。

スピーカーは、すそを長く広げるほど音が遠くに届くが、突起があれば短くて済む。これまで手掛けた長いタイプのスピーカーを短くした上、さらにマイクを組み合わせて、持ち運べるようにしたのである。戦後民主主義が根付こうとしていた時代。選挙候補者はハンドマイクを手に日本の復興を訴えた。

これまで少なくとも80機種を製造したが、基本構造、外観ともほとんど変わっていない。初号機は大切に保管され、今も使える。「いかに初号機の完成度が高かったか」と広報室の吉村真也さんはいう。

1950年代を舞台にした2009年公開の映画「K－20　怪人二十面相・伝」で、刑事が二十面相を追いかけるシーンに初号機が使われた。スクリーンには、うぐいす色のハンドマイクが鮮やかに映え、音がいきいきと響き渡った。

（大久保　斉　2010年3月2日）

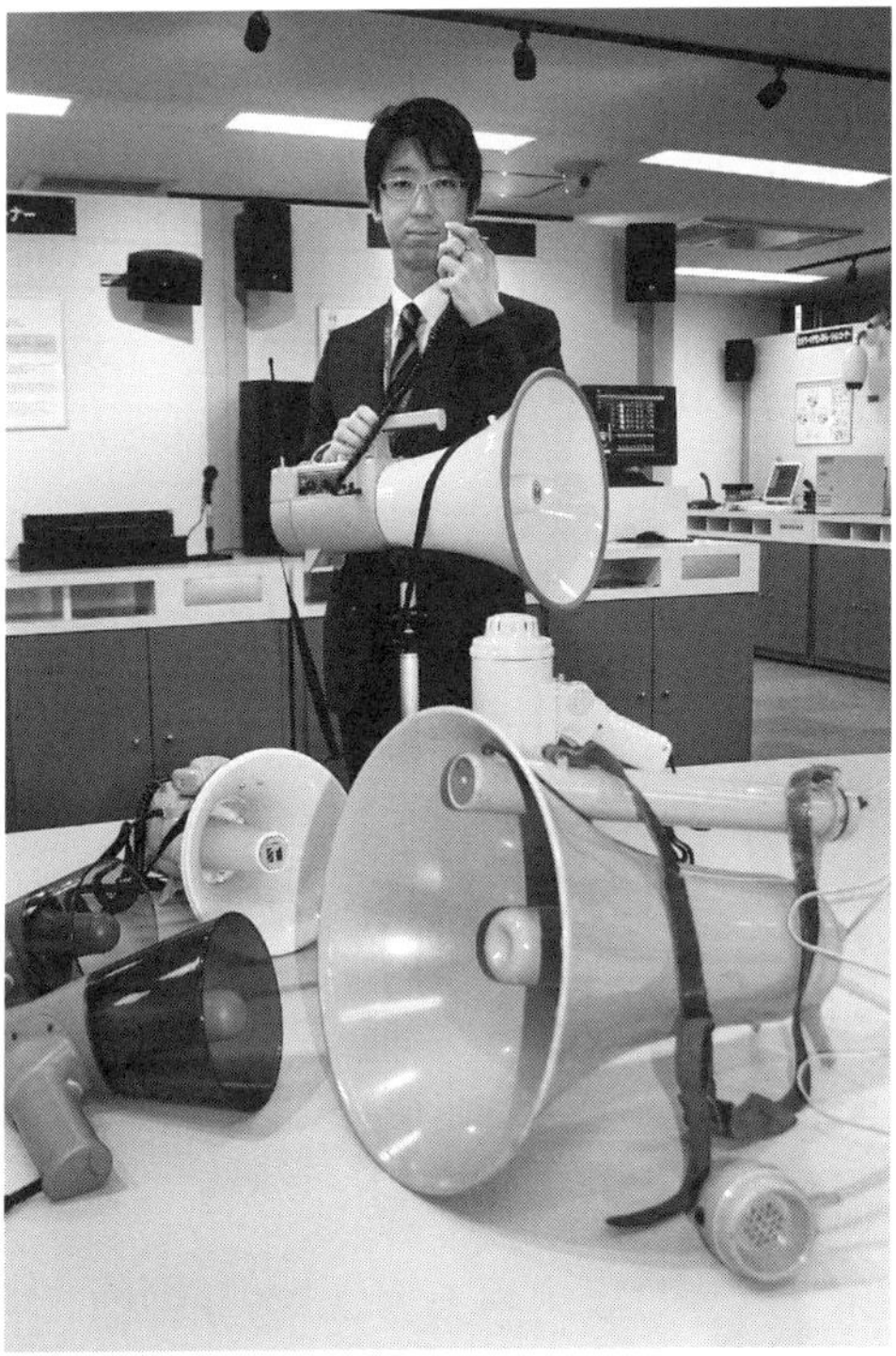

今も大切に保管されるハンドマイクの初号機（手前）。2009年公開の映画でも使われた＝神戸市中央区港島中町7

TOA／1934（昭和9）年、東亞特殊電機製作所として創業、1949（同24）年に株式会社化。1989年から現社名に。この間、1968（同43）年に東亞医用電子（現シスメックス）が分離独立した。2012年3月期の連結売上高は359億5600万円。従業員は連結で2916人。

高性能、和製ヒーロー
バイク「Ninja」

■川崎重工業

川崎重工業（神戸市中央区）の高級スポーツバイク「Ninja（ニンジャ）」シリーズが2009年、25周年を迎えた。主にモータースポーツが盛んな欧米市場向けだが、国内にも逆輸入されファンが多い。初代モデルは1984（昭和59）年の「GPz900R」。排気量900ccで最高出力は120馬力。当時、破格の性能で愛好者らをあっといわせた。

命名は米国販売子会社の発案だった。「忍者に超人的なイメージを持つ米国人に、和製ヒーローとして売り込んだ」と、川重の谷敏明汎用機カンパニー商品企画部長は由来を語る。

「高性能への執着」は受け継がれ、排気量を1000ccに上げた「ZX―10R」は、世界各国の専門誌記者が試乗し採点するコンテストのこのクラスで2008、09年と2年連続総合優勝した。

しかし、2008年秋以降の世界同時不況で海外向け二輪車の販売が低迷。世界最高峰レース「モトGP」への参戦休止を余儀なくされるなど経営は正念場だ。

そんな中、国内向けで初めてニンジャの名を冠し2008年に発売した「250R」は、初年度約4500台売れ、軽二輪（126～250cc）クラスで国内3位と健闘。初心者でも扱いやすく「若者に魅力が伝わってきた」「ブラジルやインドネシアでも人気が出た」と谷部長は手応えを示す。

「ニンジャはカワサキの代名詞。過去の成功に浸るより、5年先の開発を考える方が面白い」と前傾姿勢を保つ。

（内田尚典　2009年10月20日）

トレードマークとなっている軽やかな黄緑色の車体カバーをまとった「Ninja　ZX―6R」（排気量600cc）＝明石市川崎町、川崎重工業明石工場

川崎重工業／生産拠点は明石工場のほか、タイ、インドネシアなど海外8カ所に展開。「ニンジャ」シリーズはこれまでに21機種を発売した。二輪車を手掛けるモーターサイクル＆エンジンカンパニーの2012年3月期の連結売上高は約2352億円で、川重全体の5～6分の1を占める。同カンパニーの従業員数は約2000人（単体）。

多機能小型、安全支える

船舶用レーダー

■古野電気

マラソンとヨットで地球一周する「アースマラソン」を達成したタレントの間寛平さんは、大阪でゴールする前日の1月20日、古野電気（西宮市）の本社に立ち寄った。歓迎した社員約250人に、『世界のフルノ』はホンマ。港にはFURUNOのロゴがついた船ばかりやった」とリップサービスし、盛り上げた。

同社は1948（昭和23）年、世界で初めて魚群探知機を実用化した船舶用電子機器メーカー。1959（同34）年、漁船などの小型船舶に積めるレーダーを開発した。

2001年には、衛星利用測位システム（GPS）による自船の位置確認機能なども組み合わせた複合航海機器「NavNet（ナブネット）」を売り出した。「小型で多機能」な製品は欧米業界でも高く評価され、広報担当者は「国内外を問わず、社員が津々浦々へ直接足を運び、顧客の声をもとにつくり込んできた」と開発の強みを説明する。

アースマラソンで間さんが大阪を出発した2008年は同社の創業60周年の節目だったため、協賛を決めた。ヨットによる太平洋と大西洋、中国・青島―福岡

アースマラソンのヨットに搭載された直径63センチのインマルサット（右下）など。航海機器は間さんの航行の軌跡を記録した＝西宮市芦原町

間の横断（計109日間・約2万キロ）で、新機種「NavNet3D」は立体カラー画像で複雑な航路を表示。各国の気象情報も受信し安全航行を支えた。

宣伝課の芳倉悠さんは米ニューヨークなどで整備に立ち会い、「疲れを表に見せないプロ魂に接した。挑戦に協力できた」と胸を張る。（内田尚典　2011年2月22日）

古野電気／同社の推定によると、2011年の船舶用電子機器の世界市場は3100億円で、同社は19%でトップ。用途別では、商船向けと漁業向けがトップ、プレジャーボート向けは4位。2012年2月期の連結売上高773億円、従業員数は約1700人（単体）。

球団戦績に社運懸け

タイガースグッズ

■シャープ産業

プロ野球阪神タイガースの戦績に、とりわけ神経をとがらせる経営者がいる。シャープ産業（神戸市東灘区）の小林勝喜会長と優社長の親子だ。球団公認グッズを製造販売するのだから、社員や取引先も含め、ゲームの行方に敏感にならざるを得ない。

複製ユニホームやタオルのほか、7回の攻撃前に宙を舞うジェット風船も、同社が手掛ける。甲子園球場で販売を始めたのは1965（昭和40）年。風呂敷やペナントなどを扱い、日本初のプロ野球グッズだったという。当時、巨人の関係者が「後楽園にも店を」と頼んだが、熱狂的な虎ファンを理由に断った。

1974（同49）年、手持ちサイズの球団旗を発売したことで、会社の躍進が始まる。出足は良くなかったが、小旗を振って声援を送るファンがテレビ中継されると、翌日から注文が殺到。以降、メガホンなど応援に欠かせない商品を次々と生み出した。

苦節もある。1973年、阪神にマジック1が点灯。社運を懸け、初めて優勝記念商品を製造した。が、シーズン最終戦で巨人に大敗を喫し、あえなく「V逸」。

ユニホームの複製を手にする小林優さん＝神戸市東灘区本山南町６

その瞬間、用意した商品は在庫の山に変貌した。

同じような出来事で、数千万円の損失が出たこともあったが、優社長は「阪神と歩むのが会社の使命」ときっぱり。2012年については「沖縄キャンプを見たが、チーム全体が明るい。間違いなく、いける」。歓喜の「六甲おろし」を待つばかりだ。

（土井秀人　2012年2月22日）

シャープ産業／1957（昭和32）年に東京で創業。本社を大阪に移し、1965（同40）年に株式会社に改組。1984（同59）年、阪神が球団事務所を甲子園球場に移したことで、同社も営業部門を神戸市東灘区に移転し、2004年に本社も移した。資本金6400万円。従業員数約40人。

芯にコルク、高い耐久性

ソフトボール

■内外ゴム

ゴム製ソフトボールで国内シェア55％の内外ゴム（明石市）。思い起こすのは、日本代表が金メダルに輝いた2008年の北京五輪。「選手たちもきっと、若き日に当社の製品で練習していたはず」と、製造I課の山崎隆蔵課長は話す。

というのも、日本では一般的にソフトボールといえばゴム製を想像するが、大学、社会人の試合や国際大会などでは革製を使用するからだ。

1913（大正2）年、後に神戸商工会議所会頭となる岡崎忠雄氏ら、神戸財界の有力者の出資で設立された。人力車のタイヤなどを製造していたが、陸軍省の指定工場となり、軍需品を生産することになる。終戦で民需へ転換、ソフトボールの製造を始めたのは1950（昭和25）年のことだった。

芯の周囲をゴムで覆う構造。当初は綿を固めて芯にしていたが、耐久性を高めるため、粒径が異なる複数のコルクを混ぜて丸く固めたものを採用した。コルクはワインの栓にも使われる上質な部分で、粒の大きさや、固めるのに適した接着剤を探求し、現在の製品に仕上げた。山崎課長は芯を覆うゴムにもこだわり、

耐久性に優れたソフトボール。女性社員が握っている軟らかいタイプは2011年9月の発売＝明石市魚住町西岡

「握った時のフィット感が違うという選手も多い」。

が、少子化などの影響で市場は縮小傾向にある。すそ野を広げようと、体育の授業などでも使える軟らかく安全なボールを開発した。かつてはレクリエーションの王道だったソフトボール。製品力で地位奪還を目指す。

（土井秀人　２０１１年10月26日）

内外ゴム／工業用ゴム製品や軟式野球ボールなどを製造。国内のゴム製ソフトボールメーカーは同社を含め３社という。資本金１億２０００万円。２０１２年５月期の売上高は約64億円。従業員数約３３０人。

累計4億個、定番の打感

テニスボール「フォート」

■ダンロップスポーツ

硬式テニスに凝った経験のある人なら、まず知っている。住友ゴム工業の子会社、ダンロップスポーツ（神戸市中央区）のボール「フォート」。発売から50年を経た今も、国内公式試合の約半数で使われ、トップシェアを譲らない。

高校、大学でプレーしたテニス開発担当部長、堀内邦康さんは「定番中の定番。特別な試合の前にだけ新品を下ろせる『ちょっと格上』の存在でした」と振り返る。1930（昭和5）年に日本で初めてテニスボールを製造した住友ゴムが、テニスブームだった1961（同36）年に送り出した。手になじみやすい直径6センチ、重さ57グラム。打感がマイルドで球速や飛距離を制御しやすく、「初心者からプロまで気持ち良くラリーできる」と評判を呼んだ。

見た目と同様、製法はほぼ不変。天然ゴムに10種類ほどの薬品を加えて硬さなどを調節、半球状に整形する。二つの半球の間に薬品を入れて加熱しながらくっつけると、中でガスが発生し、内圧による弾性が生まれる。表面にフェルトを2枚縦横に張り、熱を加えれば完成。ガスを満たした缶に密閉し空気漏れを防ぐ。

色は白から黄に変わり、つくる場所も神戸から加古川、数年前にはタイに移ったが、ブランド力は揺るぎない。販売累計は約4億個。

堀内さんは「テニスボールに求められるのは目新しさではなく、安心なのです」。ずっと使いたい――。プレーヤーの心をつかみ続ける。

（佐伯竜一　2011年6月1日）

ダンロップスポーツのテニスボール「フォート」。発売50周年を記念し、発売当時の製品の復刻版も販売した＝神戸市中央区脇浜町3

ダンロップスポーツ／2003年、住友ゴム工業のスポーツ事業部門が「SRIスポーツ」として分社独立した。2012年に現社名に変更。テニスのほか、ゴルフ製品の「ゼクシオ」「スリクソン」ブランドなどを展開。フォートは英語で「城塞（じょうさい）」。2011年12月期の売上高は586億9500万円。従業員数は約1700人。

強打支える繊細な加工

テニスガット

■ゴーセン

1950年代末、今の天皇、皇后両陛下の「テニスコートの恋」に世間の耳目が集まる中、国産初となる「人工ガット」が兵庫県内で生まれようとしていた。

ゴーセン(大阪市、当時大阪合繊)の天神工場(加東市)。ナイロン製釣り糸の技術を生かしバドミントン用に参入し、テニス用も1960(昭和35)年から本格化させた。羊や牛の腸の天然ガットに比べて安く、上流階級のスポーツといわれたテニスの普及に一役買った。

「売上高1位を譲ったことがない。異例の長寿」と、スポーツ用品部企画開発課の山田文雄さんが胸を張るのが、1985(同60)年発売の「ミクロスーパー」だ。ラケットが1980年代、木製から、軽くて大きなカーボン製に。ガットには空気抵抗を抑える細さと、強打に耐える性能が求められた。

そこで、太さが異なる20本以上の糸をよって1本のガットにする従来の製法に加え、新たに表面を樹脂で覆った。直径を1・5ミリから1・3ミリに細くした。

同社は国内ガット市場の4割弱を占めトップだが、競争は激しい。プロ向けのより強い化学素材や、環境に配慮した植物素材など50種近い製品をそろえる。
そんな中でも安定するミクロスーパーの評価。技術顧問の増田豊さんは「選手にとって、ガットはわずかな違いも気になる繊細なもの。使い続けるプロもおり、コーチや用品店主が自ら親しんで入門者に勧めている」と先駆の自負をのぞかせた。

（内田尚典　２０１１年６月22日）

第一線で活躍し続けるテニスガット＝大阪市中央区内淡路町

ゴーセン／１９５１（昭和26）年創業。２００６年から日本毛織グループ。２０１１年11月期の売上高は約51億円で、内訳はテニスガットなどスポーツ用品が43％、衣料用縫い糸や医療用縫合糸などの産業資材が40％、釣り糸が17％。従業員数約３００人。

アナログの持ち味追求

巻き取り式黒板シート

■ライト黒板製作所

「品数は100や2000どころではありません」。創業63年（2011年現在）のライト黒板製作所（三田市）。田園風景に囲まれた神戸市北区の工場で、稲垣喜代社長が胸を張る。小学校などの教育現場に向け、毎年のように開発、改良を重ねてきた。

中でも力を入れるのが、1979（昭和54）年に業界に先駆けて開発した巻き取り式黒板シートだ。スチール製より大幅に軽い樹脂製。くるくると丸めて持ち運べ、裏面の磁石でくっつける。

世界地図や日本地図、算数や習字用の升目入り――。縦横数メートルの大判から卓上サイズまで幅広い。もちろん、どれもチョークで書いたり消したりできる。ホワイトボードでも各種の巻き取り式をそろえる。複数の教材商社を通じて全国の学校へ。「次はどんな機能やデザインをつくろうかと、日々考案中。採用されることが何よりの喜び」という。

5年ほど前、老朽化し交換が必要な教室黒板の上に張り付けられる特徴をネットでPRしたところ、巻物のような見た目の面白さが受けた。「テレビCMで使いたい」との注文が舞い込んだほか、メニ

さまざまな黒板を手掛ける稲垣喜代さん。通学路などを記す校区図は原画をパソコンで編集し、カラーで再現する＝神戸市北区道場町塩田

ユーを記す飲食店からの引き合いが続く。

創業者の官司さんは２００６年に84歳で亡くなり、傍らで30年以上働いた娘の喜代さんが2代目社長に就いた。

あらゆる分野でＩＴ化が進むが、「書く、見る、考えるなど基本的な力を子どもたちが伸ばせるようにしたい」と、アナログ黒板の新しい形を追求し続ける。

（内田尚典　２０１１年11月16日）

ライト黒板製作所／１９４８（昭和23）年の創業当時は黒板のほか、すずりなどの文具も手掛けていた。１９４９年株式会社化。現在は学校や事業所向けの黒板や掲示板が主力で、２０１１年11月期の年商約1億３０００万円。従業員12人。

信頼の3種で販路拡大

封筒口糊

■萬盛スズキ

封筒に手紙を入れた後、閉じるのに使う口糊《のり》。国内販売でトップを走り続けるのが、封筒資材販売・製造の萬盛《ばんせい》スズキ（神戸市長田区）だ。側面を張る胴糊などを含めた封筒用糊の販売では、国内シェア7〜8割を占める。

1950（昭和25）年、セロハンの袋づくりに使う接着剤の製造・販売を開始。2年後には、大阪の化学メーカーと提携し、紙器用の接着剤も扱い始めた。

紙器関係で「封筒メーカー・ヘンケルの糊があった」。必ずドイツの化学メーカー・ヘンケルの糊があった」。ある日、その日本法人本社が神戸に開設された。取引したい――。鈴木陸夫社長は2〜3年通い詰め、1974（同49）年、ついに念願がかなう。全国の封筒メーカーに売り込んだ。

口糊は、大きく3種類に分かれる。上に張ったリケイ紙をはがして使う「ワンタッチ」。接着面の両側に糊が付いた「アドヘヤ」。片側に付いた糊を水でぬらす「再湿糊」。

ヘンケルには再湿糊がなかった。しかし、得意先からは求められた。1987（同62）年になって、米国の工業用接着剤大手H・B・フーラーの日本法人から

「再湿糊を販売してほしい」と依頼がきた。これで3種類がそろい、取引先はさらに広がった。

封筒の糊がはがれることは許されないだけに、一度信頼を確立すると他社製には切り替えられることは少ない。低価格志向の会社には、委託製造した割安な自社ブランド品で対応している。

「手紙がなくなることはない」と鈴木社長。〝独走〟はまだまだ続きそうだ。

（松井　元　2010年10月26日）

口糊付きの封筒。鈴木陸夫さんは「品質に関して問題が起きたことはない」と話す＝神戸市長田区神楽町3

萬盛スズキ／1950（昭和25）年創業。資本金1000万円。東京、大阪にも営業所がある。最近は、はがきの記載内容を保護する「目隠しシール」などの接着剤も手掛けている。2012年6月期の売上高は約7億1000万円。従業員数15人。

あこがれの世界を再現

ミニチュアフレーム

■フェリシモ

13・5センチ四方の木枠の中に多くの女性のあこがれを閉じこめている。北欧風のカフェ、暖炉のあるリビング、カントリー調のキッチン…。通販大手フェリシモ（神戸市中央区）の「ミニチュアフレーム」は、それらを細密な模型でつくり、組み立てるキットだ。

1990年に発売。手芸好きの女子の絶大な支持を得て、これまでに約300種、58万個が売れた。「老祥記」「にしむら珈琲店」など、神戸で人気の店を題材にした特別シリーズを企画したこともある。

当初は完成した家具の模型などを木枠に貼り付けるだけだったが、今は購入者がすべて手づくりする。ボタンやリボン、ビーズなどの手芸用品だけでなく、ビニールチューブやくぎなどを使うこともある。

長年企画に携わった同社の神田典子さんは「銀紙や木片など何でもない部品が、思いもよらない、かわいいパーツに変化する」と魅力を解説する。

一つのキットに入っている材料は50～100種類。A4判1枚の説明書には、両面にびっしりとつくり方が書いてあ

る。ミリ単位で折ったり、切ったり、貼ったり…と作業は緻密そのもの。完成に

ミニチュアフレームを持つ神田典子さん。「時代とともにあこがれは変わり、商品も多様になってきた」＝神戸市中央区浪花町

10時間かかることもあるという。

しかし、時には「簡単すぎる」と顧客からおしかりを受けることも。つくる過程をじっくり楽しみたいというリピーターが多い証拠だ。ミニチュアフレームの世界は、奥が深い。

（土井秀人　2012年8月22日）

フェリシモ／1965（昭和40）年に設立したハイセンス（大阪市）が前身で、1995年に神戸市へ本社を移転。経営理念は「しあわせ社会学の確立と実践」。被災地支援なども行う。2012年2月期の売上高は463億5800万円。従業員約1100人。

熱気続き預入額も拡大

タイガース定期

■尼崎信用金庫

1985（昭和60）年、関西は燃えに燃えた。阪神タイガースが日本シリーズを制覇。尼崎信用金庫（尼崎市）の「タイガース定期」が生まれたのもこの年だった。リーグ成績に応じて預金金利が高くなったり商品券が当たったり。下位でも関連グッズが当たるため人気は高く、今や同信金の代名詞ともいえる存在だ。

当時は金利自由化の前で、順位によって利率を上乗せする設計ではなかった。販売したのもシーズン終了後で、球団カラーを配したオリジナル通帳だけ。いわば「優勝記念定期」で、預入額も35億円だった。

その後、球団は低迷期に入る。金利上乗せタイプが登場したのは、野村克也監督が就いた1999年。「強虎《きょうこ》元年」と名付け、リーグ優勝で通常の3倍、2位でも2倍という分かりやすさが受けた。金融システム不安が日本経済を覆っていた。「おもろいこと考えたれ、と」。商品を発案した橋本博之理事長は振り返る。

結局、3年連続の最下位に終わり、2002年、星野仙一監督に引き継がれる。商品名「勝星《かちぼし》77」は背番号にちなみ、優勝時には通常金利の7・7倍をつける破格さとチームへの期待から、預入額は１５９０億円に拡充した。

低金利が続き、金利優遇タイプをなくしたが、預入額は約２７００億円に伸びた。橋本理事長は「やめられない、止まらないスナック菓子のよう。解約せず自動継続する預金者も多い」と話す。

（大久保　斉　２００９年12月８日）

歴代の「タイガース定期」の預金証書を前にする橋本博之さん。黒、黄を基調に、しま模様を配したデザインが多い＝尼崎市開明町

尼崎信用金庫／１９２１（大正10）年、「有限責任尼崎信用組合」創立。１９５１（昭和26）年に尼崎信用金庫に改組した。１９６５（同40）年、７４（同49）年に大阪の信金とそれぞれ合併し、店舗網を府内にも広げる。２０１２年３月末時点の店舗数は93。同年３月期決算（単体）の純利益は４４億９７００万円。単体の従業員数は１５７２人。

人と住まいの調和優先

マンション「ジークレフ」

■神鋼不動産

兵庫県を中心に四半世紀を超えるマンションブランド、神鋼不動産（神戸市中央区）の「ジークレフ」。その名は音楽の「ト音記号」を意味する。同社の前身、神鋼興産の営業担当者たちが、住まいとそこに住まう家族のハーモニー（調和）を実現したいという思いを込めた。

初物件は1974（昭和49）年、加古川市に建てた「ジークレフ野口」。5年後にはマンション供給を同社の主力事業に育てようと、商標登録した。2010年8月までに約70棟が完成している。

床のコンクリートを厚くすることで苦情で多い階上の騒音対策を講じたり、日光を取り入れるサンルーフを設けたりするなど、業界の先駆けも多い。いずれも住まう人を優先した取り組みだ。

2008年には、住宅分譲部内にブランド委員会を設置。検討を経て、今後の物件は環境配慮に特化する方針を決めた。屋上への太陽光発電パネルの設置や、住戸内に発光ダイオード（LED）照明の導入などを積極的に取り入れていく。

田中肇住宅分譲部長はさらに「ユニバーサルデザインの追求」を挙げた。引き戸の採用▽ベランダに面した大型サッシ

住まいの調和を意味する「ジークレフ」シリーズの完成図＝神戸市中央区脇浜町２

の開閉を助ける補助ハンドル――など、これまでオプション仕様だった設備をなるべく標準化する。

「高齢者から子どもまで住人みんなが幸せになれるマンションを目指したい」。ブランド名に込められた思いを受け継いでいく。

（三宅晃貴　２０１０年８月17日）

神鋼不動産／１９５９（昭和34）年、「太平ビルディング」として大阪市で創業。１９６３（同38）年に神鋼興産に社名変更し、２００５年に県内各地にあった開発会社などを吸収合併して神鋼不動産を設立した。２０１２年３月期の売上高は２５６億３０００万円。従業員数約２４０人。

宝の山に分け入って

堅くて難しいイメージのある経済面をもっと親しみやすく、読んでもらえる紙面にしたい――。そんな経済部員たちの思いから、兵庫生まれで長く売れ続けているモノやサービスを紹介する「ひょうごのロングセラー」は始まりました。

連載は２００９年10月から3年間に及び、現在も継続中です。紹介した製品は１００を超えました。２００８年8月に掲載した「兵庫のロングセラー」を合わせると、計１１５にのぼります。

登場しているのは、ＣＭなどでよく知られた身近な食品から靴や医薬品、機械製品、素材まで多種多様です。「これも兵庫でつくられていたとは」と、驚かされた例も少なくありません。

兵庫県の県内総生産は約20兆円にのぼり、経済規模では全国7番目です。製造品出荷額では全国5番目と伝統的にものづくりが盛んで、まさに「ロングセラーの宝庫」です。その宝の山に分け入り、それぞれの製品の知られざるエピソードを発掘する作業は、記者たちにとって貴重で楽しい経験でした。

それが記事内容でも評価され、２０１１年秋には社内表彰である「松方賞」を受賞しました。さらに今回、出版する機会を得たことは部員にとって二重の喜びとなりました。

出版にあたって全体を読み返し、あらためて気づかされたことがいくつかあります。

ひとつは、長寿の秘訣は、伝統の味や製法を守りながらも常に時代のニーズに応じて変化し続ける「革新性」があることです。二つ目は失敗を糧に工夫を重ね、よそにないモノを生み出す「創造性」とチャレンジ精神です。

三つ目は、神戸港が兵庫・神戸にとっていかに貴重な地域資源であるかということです。明治の開港以来、洋風文化を取り入れた生活文化、造船、鉄鋼など基幹産業の集積、何より活発な人の交流がなければ、数々のロングセラーは生まれなかったでしょう。

連載の開始時期は、リーマン・ショック後の世界不況がまだ影を落としていました。その後も欧州債務危機、急激な円高、東日本大震災の発生と、国内企業を取り巻く環境は厳しさを増しています。グローバル化に伴う国内製造業の空洞化は地域経済にも深刻な影響を与えています。景気の波を乗り越えて売れ続けるロングセラーが、激しい変化の時代を生き抜くヒントになればと願っています。

最後に、取材させていただいた企業のみなさんと、心温まる序文を寄せていただいた神戸新聞客員論説委員で評論家の内橋克人さんに心からお礼を申し上げます。

２０１２年10月

神戸新聞経済部長　村上早百合

本書は、神戸新聞の連載、「兵庫のロングセラー」（2008年8月）と「ひょうごのロングセラー」（2009年10月6日～2012年10月4日）を、一部加筆・修正してまとめたものです。本文中に登場する人物の所属・肩書などは掲載当時のままで、各記事の文末に記載した企業情報は2012年8月時点で確認できた最新のものです。

ひょうごのロングセラー115

2012年11月15日　第1刷発行

編　　者　神戸新聞経済部《こうべしんぶんけいざいぶ》
発 行 者　吉見　顕太郎
発 行 所　神戸新聞総合出版センター
〒650-0044 神戸市中央区東川崎町1-5-7
TEL078-362-7140（代）　FAX078-361-7552
http://www.kobe-np.co.jp/syuppan/
編　　集　のじぎく文庫
編集担当　西　香緒理
デザイン　小林デザイン事務所
印　　刷　モリモト印刷株式会社

ISBN978-4-343-00715-5 C0050